大地艺术的40个游戏

40 Games of Earth Art

[法] 伊莎贝尔·奥布里 著

魏林 译

CTS K 湖南科学技术出版社 | 长沙

国家一级出版社　全国百佳图书出版单位

图书在版编目（CIP）数据

大地艺术的40个游戏 /（法）伊莎贝尔·奥布里著；魏林译. -- 长沙：湖南科学技术出版社，2025. 6. --ISBN 978-7-5710-3593-8

Ⅰ. G898.2

中国国家版本馆CIP数据核字第20253L3Z40号

DADI YISHU DE 40 GE YOUXI
大地艺术的40个游戏

著　　者：[法]伊莎贝尔·奥布里
译　　者：魏　林
责任编辑：吴新霞
责任美编：刘　谊
整体设计：长沙大猫小海文化有限公司·许千珺
出版发行：湖南科学技术出版社
社　　址：长沙市芙蓉中路一段416号泊富国际金融中心
网　　址：http://www.hnstp.com
湖南科学技术出版社天猫旗舰店网址：
　　　　　http://hnkjcbs.tmall.com
印　　刷：湖南关山美印有限公司
　　　　　（印装质量问题请直接与本厂联系）
厂　　址：湖南省长沙市宁乡市金洲镇关山社区11组
邮　　编：410604
版　　次：2025年6月第1版
印　　次：2025年6月第1次印刷
开　　本：185 mm×260 mm　1/16
印　　张：9.5
字　　数：210 千字
书　　号：ISBN 978-7-5710-3593-8
定　　价：38.00元

版权所有·翻印必究

以书为镜,照见生命之美

张放平

时值2025年孟夏,万物竞秀,百卉争芳。我不禁想起岳麓书院里那副著名的对联:"惟楚有材,于斯为盛。"这历经千年的文脉传承,不仅是湖湘文化的底色,亦是今日中国美育之根基。值此"智趣新美育"书系付梓之际,我愿以一名资深教育工作者与读者的双重身份,与诸位分享美育的星辰大海与烟火人间。

时下,人工智能已席卷而至,ChatGPT能写诗,Midjourney可作画,AlphaFold能破解生命密码……然而,大家想过没有,当技术洪流裹挟一切,人类何以自持?答案恰如德国诗人弗里德里希·席勒所言:"正是通过美,人们才可以走向自由。"美的教育,正是那艘搭载我们穿越工具理性与数据迷雾的方舟。

2020年10月,中共中央办公厅、国务院办公厅印发《关于全面加强和改进新时代学校美育工作的意见》,明确提出"以美育人、以美化人、以美培元"的育人目标,要求进一步强化学校美育育人功能,构建德智体美劳全面培养的教育体系。

政策之重,源于时代之需。我们培养的下一代,不应是"答题机器",而应是脚踏大地、心有繁花的"完整的人"——既能用理性探索科学之美,又能以感性触摸文学之韵;既能立足本土文化根脉,又能对话全球艺术经典。这也正是本书系命名为"智趣新美育"的深意所在:智慧与趣味并重,传统与创新交融。

这套书系,绝非传统美育读物的简单汇编。编撰之初,我们便定下三条标准:

其一,分层设计,让美育"有梯度"。本书系精选50部经典图书,有科学的分层设计(小学1—2年级、小学3—4年级、小学5—6年级、初中、高中),注重年龄适配性和学科贯通性。小学低年级重在感受自然的美、生活的美,激发他们对所处世界的好奇心;小学中、高年级以认识美、发现美为主,培养他们学习和探究的兴趣；初、高中阶段则增加了一些青少年也能读懂的研究类图书，着力于培养他们创造美的能力。

其二，打破边界，让美育"无藩篱"。本书系涵盖文学、科技、哲学、艺术等多个领域，突破传统美育读物"知识汇编"模式，兼顾文化根脉与全球视野，帮助读者构建新的知识体系，培养新时代的复合型思维，以期实现审美素养与人文底蕴的双重提升。这种跨学科融合，标志着学习方式和阅读需求的变革，恰如湖南省教育厅厅长夏智伦所言："打造阅读与音乐、美术、舞蹈、影视、戏剧等深度融合的美育新场景，让美育成为各学科交汇的磁场。"

其三，趣味赋能，让美育"接地气"。本书系倡导和利用多媒体技术，增强阅读中的互动功能，注重知识延伸与活动拓展，特别是突出了中华优秀传统文化、非遗文化及湖湘特色，拒绝"填鸭式"说教，强调"体验式"浸润，贴近学生日常生活。它既有浓厚的人文性，又有强烈的趣味性；既保证了知识覆盖面，又避免了内容泛化，无谓增加学生负担，从而形成有效学习、快乐学习的弹性结构。

有人提出疑问："美育能提高考试分数吗？"我的回答是：美育本不为应试，却能为生命"加分"。

俄罗斯哲学家、美学家车尔尼雪夫斯基认为，"美是生活"。教育也必然向美而生。我们精选、精编这套书系，就是为了让广大青少年和儿童的阅读从知识汇编转变为生命对话，从应试教育跃升至终身滋养，从算法时代返回到心灵原乡。

我们相信，当美的教育与生活紧密结合，与时代血脉相连，它便不再是试卷上的选择题，而是生命中的进行时。

三湘大地，自古便是书香与美育的沃土。王船山先生曾言："立人道之极。"今日我们更需以书香立世，以美育立心。愿这套书系有如渡船，载着广大青少年和儿童驶向美的彼岸；有如星火，点亮每一颗向往真善美的心。

谨以辛弃疾的词句作结："我见青山多妩媚，料青山见我应如是。"愿每一位湖湘学子，都能在阅读中找到美的真谛，都能在书中照见自己的妩媚青山。

是为序。

（作者系国家教育咨询委员会委员，湖南省教育厅原党组书记、原厅长）

美育是一场与童心的重逢

汤素兰

　　湘江的晨雾里，总浮动着水光墨润。推开窗户，对面蜿蜒、苍翠的岳麓山仿佛打开的书页，我就想起儿时在宁乡青山桥到处找书读的日子：一张残破的报纸、一册没有封面的杂志、一本卷角缺页的《安徒生童话》，都能让我如获至宝。那时的我未曾想到，多年后能以笔为桨，带领千万孩子驶向童话的星海，更未曾想到能与"智趣新美育"书系相遇，让美育的种子借着书香播撒四方。

　　约翰·济慈说："美是永恒的喜悦。"我认为，这永恒的喜悦乃源于美育是一场与童心的重逢。曾有个孩子问我："笨狼为什么会去孵太阳？"我告诉他："因为童心让我们相信，万物皆有灵。""智趣新美育"书系正是承载着这样的初心——它不是静态的展柜，而是流动的风景；它不是知识的搬运工，而是精神的点火器；它不是简单的阅读，而是美的启蒙。

　　近年来国家大力推进美育改革，但我想，真正的突破应该不在政策文件里，而是在孩子们渴盼的神情中，在他们发亮的眼眸里。记得在攸县江桥小学"素兰书屋"，一个留守女孩指着《南村传奇》对我说："我们村里也有好多古老的故事，爷爷奶奶跟我说过，我将来也要像您一样把它们写出来。"那个场景永远印在我的心底，它让我明白：美育从来不是空中楼阁，它的根脉深扎于生活沃土。

　　这套书系共50本，涵盖领域广，内容丰富，选材多样，中华优秀传统文化、自然科学、艺术美学和个人成长等主题均有涉猎，尤其关注跨学科选题，如艺术与科学、人工智能与美育等。目标读者分为五组（小学1—2年级、小学3—4年级、小学5—6年级、初中、高中），各组对应可读性、互动性、体验感俱备的美学读物，既体现了独到的顶层设计，又呈现出创新的阅读体系，是把广大青少年培养成"有美感"的读书人最好的奠基。

一册在手，我们会惊讶地发现：一朵花的颜色险些引发战争，最终却带来了和平；神秘的"非遗文化"，在美育游戏中尽显其千年智慧；二十四节气，是一轴精准呈现一年气候与物候的时间画卷；宇宙万物不仅充满完美的对称，还有无数极具想象力的巧合；羽毛是自然演化的奇迹，它的起源要追溯到亿万年前……还有，中国古建筑的屋顶有多少种，李白会在给他的好朋友杜甫写的信中聊些什么，人工智能究竟是不是万能的，艺术与技术的交汇会产生哪些奇丽的风景，等等。这些因探索和创造而产生的美，这些因美而产生的奇妙的跨界融合与阅读体验，让我们相信，当科学与童话握手，理性与幻想便成了同一枚硬币的两面。

这套"智趣新美育"书系让我看到生长有度的精神阶梯，看到学科边界的悄然消融，看到回归生活的美育终于落地生花——它是传统与未来的对话，是人文与科技的共舞，是美育浸润与生命绽放的交响。

是的，美育从来不在远方，而在弯腰拾起一片落英的瞬间。美育的馈赠，从来不是分数，而是让生命长出光的羽翼。今天我们在孩子心灵里播下美的种子，这种子的力量，足以顶开任何岩石的沉默，开放绚烂的明天。

我相信，"智趣新美育"书系就是这样的种子，也具有这样的力量。

是为序。

（作者系湖南省作家协会主席，湖南师范大学文学院教授，"素兰书屋"发起人）

自序
AUTHOR'S PREFACE

　　写作本书的目的并非为了定义大地艺术和环境艺术,而是想鼓励读者借助已知艺术流派的创作方法,在大自然中进行艺术实践活动,用走进自然和取材自然的方式,培养孩子敏锐的观察力和审美力。

　　无论是大朋友或小朋友,一个人或一群人,朋友间或亲人间,都可以借助书中的游戏,就地取材,把大自然中的元素利用起来,创作出赏心悦目的艺术作品。

　　然而,从造型艺术的角度而言,如何才能达到自己满意的程度呢?

　　在此之前,我曾参与地方、学校和个人组织的各项活动,在现今这个对环境日益关注的大背景下,我认为在与自然打交道的过程中,我们有必要掌握一些基本的常识与技能。因此,我想首先应该设计出一套参与的模式,从而让大家尽量全面地了解大地艺术的主旨。

　　就地取材的艺术创作往往都是转瞬即逝、无法长期保留的作品,它们最大的特点就是艺术家在创作过程中会有所期待。首先,艺术家要与周围的环境融为一体,要考虑气候条件,要挑选收集周边的素材,要根据参与者来设计活动,要制订出与"转瞬即逝"这一特点相符的具体方案,最后还要与孩子、家长们合作,对自然环境进行敏锐的观察。

　　游戏过程中,我的角色是造型艺术指导,是活力四射的艺术家,也是投入到人与自然关系之中的一位女性工作者,更是通过实践大地艺术而积累了大量经验的传递者。教案设计的效果只有在亲力亲为的活动实践中,通过自主理解和学习,才能充分展现出来,并为每个人所接受。我想做的是一本简单、纯粹、实用的书,配图翔实,即便是孩子,也可以无障碍阅读。这些大地艺术游戏的设计，均来自反复的教学实践，无论是自家花园，还是密林溪涧，让本书带你亲近自然，发现自然之美吧！

每个游戏的内容设置

1. 难易程度： 用叶片的多少来标示，叶片越多，难度越大。

2. 所需材料： 材料清单上罗列的都是容易得到的材料。

3. 游戏步骤： 用清晰美丽的图片配合步骤说明。

4. 你知道吗： 为孩子准备的知识拓展。

5. 教学急救包： 解释游戏过程中一些感性的获知和启迪性的灵感，并给出教学建议。

6. 小雨蛙讲堂： 在某些游戏中会出现此栏目，将为读者带来意想不到的惊喜。

最后读者可以通过摄影记录、草图或绘画的形式，将游戏的理论和最终实践的视觉影像联系起来。我希望通过寓教于乐的方式，让孩子在游戏的快乐中，获得对大地艺术和环境艺术的感性认知，获得来自浩瀚自然的大美滋养。书中的图片都是在真实场景下拍摄的，这些不仅为读者提供了参考，也见证了在大自然的背景中，造型艺术与想象力相结合的创作成果。

目录
CONTENTS

1 我的小花园 ········· 001
2 我的木制雏菊玛格丽特 ······ 004
3 地上的小蜘蛛 ········· 007
4 可爱的小刺猬 ········· 010
5 蓝色几何 ········· 013
6 花球 ········· 016
7 印第安图腾树 ········· 020
8 棋盘 ········· 023
9 树叶链条 ········· 026

10 松鼠爬梯 ········· 029
11 植物地毯 ········· 032
12 森林树精 ········· 036
13 黄色长椅 ········· 039
14 花坛 ········· 042
15 鲜花盛开的树干 ········· 045
16 树叶的圆圈舞 ········· 050
17 红五星 ········· 054
18 桃心 ········· 057
19 蛇 ········· 060
20 植物墙 ········· 063
21 花瓣蛋挞 ········· 067
22 树叶串烧 ········· 071
23 地上的人影 ········· 075
24 漩涡 ········· 078

25 迷你木排 ········· 082
26 勤劳的小蜜蜂 ········· 086
27 可移动画框 ········· 090
28 曼陀罗 ········· 094
29 蜘蛛网 ········· 098
30 鸟巢 ········· 102
31 小南瓜灯 ········· 106
32 四叶草 ········· 110
33 秋天的画框 ········· 113
34 雪花 ········· 117
35 叶子壁画 ········· 121
36 给大树穿衣 ········· 125

37 冰晶里拉琴 ········· 128
38 禅意园林 ········· 132
39 沙滩游戏 ········· 136
40 迷你房子 ········· 140

1 我的小花园 ✤✤✤

有一首脍炙人口的法国童谣这样唱道:

我来到花园里,采了几束迷迭香和可爱的虞美人,
送给美丽的女孩们……

这首古老的法文歌曲完美地诠释了花园带给我们的感受——徜徉在绿色的自然中,所有的感官都会被唤醒。要想拥有如此美妙的一方净土,花园中应该种满五颜六色、形态各异、质感不同的植物,并且它们能够和谐地组合在一起。我们可以造一个长条状的花园,或者也可以在准备阶段先画个草图,让孩子们自由地选择他们喜爱的形状。

🌿 这个游戏活动可以刺激我们四个方面的感官

味觉 可以栽种一些农作物,如西红柿、草莓、香料及其他可食用植物,这样孩子们在夏天就能尽情采摘,还能邀请小伙伴们一起品尝哦。

嗅觉 优先考虑芬芳馥郁的植物,比如可以在道路两侧种上薄荷、百里香、柠檬,或者小株的蔷薇。每当孩子用手轻抚,就会闻到扑面而来的香气。

听觉 花园里水的声音,有喷泉水流的"哗啦哗啦"声,有为植物浇水时的"淅淅沥沥"声,还有雨滴打在木箱和铁制工具上的"滴滴答答"声。此外,还有拂过树梢的"窸窸窣窣"的风声,以及用再生材料制做的小风车的"吱呀"声。

触觉 用手指搅和泥巴,与不同植物打交道时感受到的或粗糙、或柔软、或刺痛的触感,手持木制工具时的感受,等等。

以上只是一些小建议，希望能促使孩子在花园建造中，愿意倾注自己的想法，设计出具有个性的一片空间。这应该是一个自由的花园，可以依据个人意愿随时改变，更新布局，变换色彩，添加各种自制的小物。可以用自然素材，如木头、竹子、石子等，也可以用家庭废弃物，通过这一举动可以培养孩子对垃圾回收、分类和再利用的意识。

所需材料

- 旧鞋子或者防水靴
- 园艺手套
- 儿童专用耙子和铁锹
- 植物幼苗，如薄荷、香芹、百里香、红萝卜、西红柿等
- 3~4个小木条箱，可从生鲜市场回收
- 榛树枝条，笔直且粗壮，去掉叶子
- 1~2个装水的容器，如玻璃罐子、回收的盒子等
- 1~2个纸质碟子，用于混合颜料
- 画笔、麻绳
- 管装丙烯或水粉颜料
- 工作服，可使用旧衣服
- 榛树木桩
- 月桂叶编织的小链条，参考9号游戏
- 西葫芦籽或向日葵籽
- 纸制、木制或其他环保材料制成的小风车

游戏步骤

1. 选择一处平地，最好是长条状，以便能够观赏全景。土壤要疏松并提前打理好。

2. 在大人的帮助下，栽入各类植物幼苗。装幼苗的塑料小花盆可以留存下来，作为其他游戏活动的材料，如29号"蜘蛛网"游戏。

3. 为小木条箱和榛树条上色。刷枝条的时候，可以将其倚在墙边，也可以请另一个小朋友协助，直接拿在手里，以保证全方位上色。如有需要，可以刷两遍颜料，之后放在一旁晾干。

4. 将榛树条插进土里，然后用麻绳绷紧，做成花坛外围的小围栏。

5. 将月桂叶链条固定在麻绳上，以进一步明确花坛的边界，如9号"树叶链条"游戏。随着时间的推移，树叶的色彩也会发生变化，它们将在微风下摇曳生姿。

6. 播种西葫芦籽或向日葵籽，把小木条箱扣在上面，当作迷你温室，以保护幼苗不受暴晒和鸟儿啄食。记得要按时浇水哦！

7. 用小风车和彩色榛树条点缀花园，按照颜色有序地排列起来。

8. 按时给植物浇水，每当新的灵感显现时，就让花园增添几分新意。

9. 定期为花园拍照，作为成长的纪念。

? 你知道吗

在卢瓦尔肖蒙城（Chaumont-sur-Loire），有一个为自然环境举办的节日。每年，来自世界各地的园艺家和艺术家聚集一堂，在这里探讨园艺的未来，这就是著名的"国际园林节"。如果你有机会前往，一定要记得去欣赏一番园艺建筑师和园丁们精心设计的三十多块实验田，这里有新颖的素材和独特的植物种类，你也可以在城堡的花园里探索那些因地制宜的作品，充分享受"大地艺术"带来的视觉震撼。

❖ 教学急救包

花园是属于全家人的生活空间，它是一个游戏场所，集学习、娱乐于一体。在花园里，孩子可以观察自然环境，探索动植物的世界。园艺劳动很辛苦，需要精力高度集中，工作井井有条，才能达到最优效果。不过，这一切都应该在愉悦和分享的气氛当中，通过两代人的协作来完成。如上文提到的，花园能够刺激孩子感官的发育，拓展孩子的视野。在教学层面，我们可以触及很多主题，比如季节的变迁、发芽的原理、水的导流、废料的处理、施肥的步骤、可食用植物的认知以及动植物种类的辨别等。

2 我的木制雏菊玛格丽特 ✽

我的新伙伴，"她"叫玛格丽特……嗯，为什么不叫露丝、布勒艾特、米拉贝尔、阿内莫娜或帕克蕾特？这名字可不一般呢！玛格丽特是"雏菊"的意思，是一种生命力极顽强的草本植物，而且"她"相貌甜美，每每看到它的花蕊和花瓣，会很自然地想到一张惹人怜爱的笑脸。不如我们一起用泥土和树叶来创作几个新朋友吧！"她们"会乐意留在我们身边吗？

所需材料

- 粉笔
- 水壶、水桶或其他塑料容器
- 泥土或腐殖土
- 草籽、小木块、树叶、花朵

游戏步骤

1. 借助圆形水桶,用粉笔在地上画一个圆圈。

2. 在同一只桶里装满土。

3. 把土倒扣在圆圈里,拍实,不要出圈。

4. 在土上撒播一些草籽,然后用手掌轻轻拍实。

5. 把小木块放在圆圈周围,摆成花瓣状。

6. 如果愿意,可以添加其他的自然元素,如树叶或花朵,注意一定要按相同的顺序排列,围成一圈。

7. 用水壶在土上浇点水,之后每两天浇一次,直至种子发芽。如果气温过高,一定要时刻保持土壤湿润。

你知道吗

雏菊是黄蕊的白色菊科植物,通常每朵花拥有20~30片白色花瓣,围绕花蕊呈王冠状排列。雏菊是一种喜光的植物,花期通常在春季。可不要把它和小雏菊搞混了。小雏菊的体积要小得多,而且叶子很绿,呈扁阔状;它也是生命力很强的菊科植物,通常在院子里或草坪上生长,无需刻意栽培。

教学急救包

触觉往往是我们不太好掌握的一种知觉，然而却是我们在从事园艺过程中不可或缺的重要感官。通常在与自然元素接触时，特别是摸到土壤时，我们会觉得不舒服：冰冷、潮湿、粗糙、坚硬，有时还会引发荨麻疹，总之土壤带给我们的印象不太好。相反，如果土壤是温暖、光滑、松软、轻盈的，我们就会感到舒适很多，它会带来愉悦的触感，令游戏活动更富娱乐性。在此特别要澄清的是，与习惯上的认知相反，用手指接触泥土并不脏，这是与花园中自然元素发生的一场直接的触觉碰撞。当然，游戏之后洗手是必须的。

这个活动的最终成果可以是短期的，如果你把花园规划成几个不同的区域，那么它也可以作为永久性的作品。因此，木制雏菊可以成为观察种子发芽过程的最佳场所。您完全可以借助粉笔和不同规格的铁环，做几个大小不一的圆圈。这样一来，孩子就会明白地上画的这个图形里，是她要悉心照料的区域。若要激发孩子的嗅觉感知，您还可以在这些区域里种一些薄荷或西芹。

小雨蛙讲堂

雏菊是情感之花，你一定听说过用雏菊花瓣占卜爱情的游戏吧？就是采一朵雏菊，每扯一片花瓣，就念一句口诀："他爱我——有点儿爱——很爱——非常爱——爱疯了——一点儿也不爱——他爱我……"直到最后一片花瓣，人们以此来占卜自己的爱情。

3 地上的小蜘蛛 🍁🍁

  月季花篱上，忙碌的小蜜蜂在收集花粉；三叶草下，两只小蟋蟀在"嚯嚯"地谈情说爱……哪怕再小的花园，也始终是昆虫的主场。不论它们多么的微不足道，都会令孩子们心驰神往。七星瓢虫的红色盔甲，毛毛虫前进时身体的一张一曲，蜻蜓飞翔时翅膀的轻盈颤动，甚至蚯蚓前进时的蜿蜒蠕动……这些对昆虫细致入微的观察，可以引发孩子探索自然的兴趣，还会引发孩子们对动物与植物之间和谐共处的思考。

  时而遇到一只笨拙的蜘蛛，顺着一根细细的蛛丝，垂到鼻梁上，吓了一跳的孩子定会大惊失色，扭头就跑，只剩下孤零零的蜘蛛呆呆地在风中摇摆。这真是令人忍俊不禁的一幕。那么，为何不把这小生物的可爱形象留在地面上？让我们用尽可能丰富的材料和色彩，为蜘蛛量身定做一身华丽的礼服吧！

💚 所需材料

- 白色粉笔、铅笔和纸张
- 多种多样的植物素材，根据颜色和材质归类
- 小木块若干、五颜六色的小花
- 矿物材料若干，如石块、沙子、泥土等

🍃 游戏步骤

1. 可以提前做好准备工作，陪孩子到菜园或公园寻找昆虫，并仔细观察，使他们能够描绘出昆虫的外形，知晓昆虫的名字。之后，孩子们可以把这些形象画出来，加深印象。

2. 选择一块平坦开阔的场地，在地面上画出昆虫的外形。

3. 用白色粉笔勾勒轮廓，必要时请家长协助。

4. 从蜘蛛身体的区域开始，用植物素材慢慢填满，按照一定的规律排列，注意别超出粉笔轮廓的范围。

5. 用比较细小的材料填满蜘蛛的八条腿和触角。

6. 如果有风，可以用小石子压住树叶，这样的"蜘蛛"还会显得更有立体感。

7. 最后，用漂亮的小花来作眼睛。

❓ 你知道吗

巴黎有一个不可思议的地方——戴罗勒商场（Deyrolle），那里是一个奇物储藏室。你可

以在那儿找到各式各样的动物标本，有贝壳类和甲壳类动物，有色彩斑斓的蝴蝶，以及来自世界各地的昆虫标本，它们可以供昆虫学家们进行研究。

❖ 教学急救包

绘画在孩子们的日常活动中占有很重要的地位。幼儿教育类的权威书籍也指出："绘画是低龄儿童的天然语言，是自发的表达，能够促进大脑对外部世界的理解。"同时，绘图也是一个具有启发性的活动，通过练习使用工具和不同的辅助材料，可以增强孩子的自主能力。

学校教育为孩子树立的学习目标很明确，就是读写能力。而在家中，绘画则是最大的乐趣之一，因为它往往和游戏相关，并能促使孩子从记忆中搜寻到有效信息，回想起与周边环境相关的事件、场景和图像。在这个游戏中，表现的是一个昆虫的形象，当孩子用粉笔描绘轮廓时，需要借助脑中的塑形能力；用自然材料填充时，促进的是对色彩的感受能力和对材料的取舍能力。

4 可爱的小刺猬 ✦✦✦

　　一只刺人的小刺猬，
　　刺人的小刺猬呀，
　　却想要一个拥抱，
　　要一个拥抱啊。[1]

　　当艾米莉·朱莉和我们一起做这个游戏时，一定会情不自禁地哼出这首歌曲。那一天我们做了无数的黏土刺猬和木头刺猬，摆在书架、木柜和餐桌上，小刺猬们会跟着艾米莉来个集体大合唱。再后来，我们亲手把小刺猬们在院子里一一排列整齐。"全——体——集——合——！"一声令下，它们就组成了一个巨大的刺猬妈妈，真是十分有趣呢！

1　《刺猬之歌》（*La Chanson du Hérisson*），法国音乐剧《埃米莉·朱莉》（*Emilie Jolie*）中的一首歌曲。

🍀 所需材料

- 用来装植物素材的口袋或纸盒
- 一些细小的树枝、黏土
- 用来切黄油的线
- 较细的麻绳或剑麻绳
- 圆头安全剪刀
- 一些种子

🍃 游戏步骤

1. 等一个阳光明媚的清晨，到附近的树林里拾一些地上的小树枝，收集在袋子或纸盒中。

2. 借助切黄油的线，把黏土球切成几块，然后在手心里搓成小圆球。

3. 用笔尖在黏土球上戳一个小洞，大小以能穿麻绳为准。

4. 把捡来的树枝切成几小段，充当刺猬身上的刺。每只刺猬大概需要 10 根刺。

5. 把树枝插在黏土球上，注意不要把黏土压扁了哟。

6. 嵌入两粒种子作眼睛。

7. 把半成品摆在一个干净的平台上放置几天，待黏土完全干透，穿上麻绳就可以啦！

这个作品更适合几个小朋友一起完成，当然，如果有大人的协助就更好了。平均每人做 3~4 个，最后组成大的刺猬妈妈可能需要 25 个小刺猬。如果只有一个小朋友，也可以把做好的小刺猬挂在窗户的把手上，或者花园里低矮灌木丛的枝桠上，也不失为可爱的装饰。需要注意的是，若将作品安置在户外，那么地面最好是干燥的，否则一场雨之后，刺猬们的黏土之身就会干裂成粉末，散落在树林之中。

? 你知道吗

刺猬的平均寿命为 3~10 岁。它们通常隐藏在荆棘丛中、篱笆墙下或木柴堆里，以食用蠕虫、蜘蛛、鼻涕虫、鸡蛋、蘑菇等为生。受到攻击时，会蜷缩成一团，竖起背上的利刺：一只刺猬身上有多达 6000 根刺！刺猬前行的速度较慢——每分钟位移距离约 3 米，因此刺是它自我保护的最有效措施。

❖ 教学急救包

玩黏土是培养孩子触觉认知的好机会。通过这个活动，孩子将充分用双手接触这种材质，经历反复塑形的认知，体验压平或揉搓的手感。这是一种与世界打交道的途径，用手指的触觉去探索未知的方法。用手触摸一种湿润柔软的材料，会留下指纹的痕迹；用手掌或手指摩挲它时就和抚摸的触感一般。正是通过皮肤与黏土亲近所带来的触觉，孩子才会逐渐建立起与周围环境的联系，形成更加立体的感知。

🐸 小雨蛙讲堂

一般刺猬都是夜间活动，要是你白天在花园里发现了它的身影，一定要放它一条生路哟。看看它是不是哪里不对劲，也可以在地上留下一小盘猫粮和一些水。记住千万不能喂刺猬吃面包、牛奶，这会导致腹泻，足以使其毙命。

5 蓝色几何 ✽✽✽

这是一个建造几何图形的游戏，通过一个"田"字形的木框，帮助我们认识到，在花园里，几何图形是用来获得美学和数学上的平衡感必不可少的媒介。在房前屋后的菜园里，正方形是土地规划的基本形状，也使花卉和蔬菜的色彩及种类布局更加井井有条。分布在其中的农作物仿佛是自然画布上的一幅美图，随着季节的变迁，不断更换着画面上的主题。小园丁们不妨在这个需要不断转换位置的游戏中，尝试接触各种各样的材质与色彩，从而创造出一张不同植物素材的棋盘。要知道，棋盘格的布局可是菜园中最常见的结构呢。

所需材料

- 宽度5~10厘米，长度不少于1.5米的木板（可从木制包装盒上拆卸）
- 儿童安全锯
- 不锈钢尖头钉子（用于固定木板）
- 1~2个桶、园艺手套
- 干燥的细沙、蓝色颜料
- 小号的园艺铲子或汤匙
- 植物素材（树叶、花朵、种子等）

游戏步骤

1. 在大人的协助下，将木条锯成长度相等的6段。

2. 先用两根木条组成一个"十"字形，再用剩下的4根木条钉成正方形外框，把"十"字放入外框，固定。

3. 在组装过程中，可以钉一个简单的"口"字形方框，这样只需组装四个边就够了。

4. 把木框放在平坦坚硬的地面上。

5. 把沙子和蓝色颜料倒入桶中，戴上手套，用小铲子搅动沙子和颜料，充分混合均匀。

6. 取出蓝色的沙子，倒入田字格的一个方框中。在方框中将沙子拍平，特别注意边缘部分。

7. 重复上述步骤，变换沙子的颜色。

8. 小心地拿起木框，随个人心意重复以上步骤。

9. 在每个方形上用植物元素加以点缀，要轻拿轻放，不要出框。可以根据颜色和材质等分类，但记得始终要在边线以内的方形范围里作画。

? 你知道吗

方形菜圃是花园中特殊的一隅，在这里你能够根据自己的意愿种植喜爱的农作物，根据种类或主题来划分边界。在中世纪时，方形小花园很常见，比如：爱的花园，种有牡丹、紫罗兰、报春花、百合花和矮态鸢尾花；医用花园，种有鼠尾草、嚏根草、洋甘菊、薄荷、缬草和马鞭草；菜园，种有大黄、欧百里香和香芹等香料作物。

作为参考，你可以去参观维兰德里城堡的花园，那里有9片文艺复兴风格为主的方形花园，每一块几何状土地上都种有色彩各异的蔬菜和花卉。此外，你还可以去参观一下中世纪小城佩鲁日的花园。

有些艺术家会在作品中借用方形花园的概念。比如我曾用自然素材做过一些非永久性的植物棋盘。在东京，日本的造园巨匠重森三玲（1896—1975）创造了一个方形花园，用石板和苔藓打造出棋盘格的布局，这完全是传统的日式禅意园林风格。

✤ 教学急救包

四边等长的正方形，是形成孩子们几何造型概念的入门最佳图形。借助本游戏中的木框，孩子们得以在制作过程中反复加强对这个几何图形的认知，并学会在空间中操控和移动这个形状。这个基于质感和色彩的游戏还能帮孩子在行为过程中思考其他的一些基本概念，如边长、长度、宽度、大小、平面、配对、色彩、对比等。此外，在自行摆放方形的时候，他们也能逐渐学会测量和建筑的技巧。如果愿意进一步拓展，可以为孩子们介绍"谢尔宾斯基地毯"，同他们一起探索以正方形为基准的分形几何的奥秘。

6 花球 🍁🍁🍁

一年之计在于春。初春时分，大自然迎来了它最光鲜亮丽的时装秀，各种植物也纷纷露出灿烂的笑脸，喜迎日渐增长的阳光，姹紫嫣红，美不胜收。我们的小手不再冻得通红，不再粗糙干涩，不再畏畏缩缩地躲在大衣口袋里，而是准备开始一场华丽的采摘冒险，去抚摸那紫色的铃兰、红色的玫瑰、黄色的连翘，或是无所不在的白色小雏菊。

找一个晴空万里的早晨，为我们的花坛脱去沉重的冬袄，换上活泼可爱又不失艺术气息的春装吧。

❤ 所需材料

- 铁丝网或废报纸
- 黏土块、切黄油的线
- 采摘的花朵或用来堆肥的植物素材
- 切割钳和园艺用线

🍀 游戏步骤

如果有铁丝网,可以在大人的协助下,用它制作花球的骨架。把铁丝网做成球形,然后把加工好的黏土贴在上面。如果没有铁丝网,也可以用废报纸揉成一团来代替。不过,铁丝网的好处是,可以在后面堆肥花球的游戏中让我们观察到植物分解和昆虫定居的过程;并且它可以安置在花园的角落,同时又便于操作。

花球(普通黏土版)

1. 把黏土块放在桌子上,用切割线将其切成若干份。

2. 把切好的黏土片放在可清洗的支撑物上,用手掌压平。注意,不要用力过度,否则黏土会粘在上面。

3. 用铁丝网或废报纸制成球状骨架。

4. 把压好的黏土一片片贴在骨架上。

5. 手指蘸点水,把黏土间的缝隙捏合,使之成为一个外表光滑、厚度适当的球体。

6. 放置 15 分钟左右,晾干。利用这段时间到花园里采集一些花朵和树叶,可以按照颜色或其他标准分类。

7. 轻轻地把黏土球放在一个可移动的支撑物上，比如小茶几、木板等。

8. 把采集的花朵和树叶有规律地插在球面上。

9. 晾置 15 分钟，然后将花球放在室外，避免雨淋。

花球（升级堆肥版）

1. 用铁丝网制成球状，把一侧压平，使其能立在平面上。

2. 在花园中采集一些日常维护留下的植物废料，如修剪下来的草、落叶、枯枝、花瓣，等等。

3. 把植物素材塞进铁丝网的网格中。重复几次，将网格充分塞满，使颜色尽量丰富。然后把花球放在花园中适宜的地方。

4. 接下来的几周里，定时为花球添加植物废料。

❓ 你知道吗

当你做园艺劳动时，留心观察周围，说不定就能看见一只红喉雀落在手推车上或者花园的小木桩上。你觉得它是在好奇心的驱使下窥探你干活儿吗？并没有，它关心的其实是你在翻土时挖出来的蚯蚓。

❖ 教学急救包

自然素材的解体是一个漫长的过程。孩子可以观察它们的颜色变化，以及小昆虫、霉斑和菌类的出现。堆肥花球可以为小动物们提供一个温暖的栖息之所，比如蚯蚓、瓢虫，有时还会吸引鸟儿。在花园里看到这样一堆树叶腐烂，通常孩子们会觉得不舒服，甚至在清理这些废料时会感到害怕。不过，花球能够带来的教育和美学意义一定会让孩子战胜这种心理恐惧感的。

7 印第安图腾树 ✿✿

看，孩子们戴着神奇的手环，跳起法兰多拉舞，转呀转，扭呀扭，高兴得不得了。等到晚上，还会遇到成群的树精护送他们回家。在这假扮印第安人的游戏中，怎能少了树上的大圆环装饰呢？必须是一棵高大粗壮的老树，树干上围满了树叶做的装饰，仿佛一个图腾，地上还要撒上一圈木屑，标志着圆圈舞的场地。小印第安人在这里舞动身姿，振臂高呼："大自然万岁！"

💚 所需材料

- 细麻绳、圆头安全剪刀
- 带有枯叶的树枝
- 木刨花
- 松果

🌿 游戏步骤

1. 找到最粗最高的一棵树，树脚下不能有太多荆棘灌木等障碍，以便利用周围空间。
2. 在大人的协助下，用麻绳绑住树干若干圈，拉紧并固定好绳子。
3. 把树枝塞进绳子下面，塞满一整圈，做成缠腰布的样子，小心不要用力拉扯绳子，如有需要，可以再塞一圈。
4. 在树脚下画一个大圆圈。
5. 在圆圈内均匀地撒满木刨花。
6. 在圆圈外围摆上一圈松果。
7. 手拉手围绕大树站成一个圆圈，唱起快乐的歌。

❓ 你知道吗

为什么树干里面会有一圈圈的圆形纹理？树皮里面的木头到每年的春季和秋季都会长出新的一层，是因为一种名叫"形成层"的细胞。这个新生层先是浅色的，随时间流逝而颜色加深，就逐渐形成了我们所说的"年轮"。因此，在伐木时，只要数一数树干中年轮的数量，就能大致推断出树的年龄了。

教学急救包

走进圆圈里,对于孩子而言,就是进入到一项集体游戏中,用身体去学习和体会空间感,学会合着音乐的节拍,踏起有节奏的舞步向左向右转。这个游戏也会培养孩子的交际能力,因为要与陌生的或者不太熟悉的小朋友手拉手,这是一种社交方式,是学习集体生活的好时机。

小雨蛙讲堂

在树林里散步时,可以留心砍伐后的树桩,算一算它们的年龄。从年轮的中心数起,看看你和树差几岁?再看看爸爸妈妈的年纪又在什么位置上?

8 棋盘 ✦✦✦

这是 5 号游戏"蓝色几何"的另一个版本,而这一次我们要走进森林深处。当冬天接近尾声时,我们在一个阳光明媚、空气清新的早晨来到森林里,在大树脚下用一幅幅五颜六色的画作打破冬的灰暗,为冰冷的大自然注入一丝生机。借由一个个方形的色块,我们的视野重新鲜活起来,看到的不再是一片萧瑟与寂寥。

🩷 所需材料

- 木框，"口、日、田"字形，参考33号游戏"秋天的相框"
- 几只桶、小铲子、沙子、颜料
- 家务用手套或园艺手套
- 小玻璃罐子，可用回收的酸奶瓶
- 植物素材

🍃 游戏步骤

1. 把木框放在干净、无落叶的地面上，确认木框水平放置。

2. 在桶里混合一定量的沙子和颜料，用小铲子搅拌均匀。戴上手套，避免手上沾到颜料。可任选2~3种不同颜色。

3. 把酸奶玻璃瓶倒扣在方形的木框里。撒一层没有染色的沙子。

4. 再撒一层染色的沙子。反复若干次，直至达到满意的效果。可更换不同的颜色。

5. 拿起玻璃瓶，放到木框之外。色块内会显现出预留的空白，可能是土壤的黑色，也可能是自然的沙色。记得在铺第一层沙之后才放入玻璃瓶。

6. 用植物素材装饰棋盘格。每个小朋友可以负责一个方块，在里面描述属于自己的故事。

7. 移除木框，可以再用小木块或橡树果子勾勒出方形的边缘。这样的话，最终的成品就会像一块卷边的植物地毯一般精致美丽。

❓ 你知道吗

棋盘是下棋时使用的黑白相间的方形格子组成的一个平面。在棋盘上，我们根据预先制定的规则下棋。这种方形棋盘适用于西洋跳棋、国际象棋等社交游戏，玩家必须要聚精会神，心平气和。同样，在创作"大地艺术"的作品时，我们也要戒骄戒躁，细心备至啊！

❖ 教学急救包

儿童在3~4岁之间获取色彩类的词汇。他们最初先掌握三四种颜色，如三原色红、黄、蓝，之后再学会辨识三间色：橙、绿、紫，当然还有白和黑。为了帮助孩子进行色彩认知，您可以让孩子参与一些将色彩与名称对应起来的游戏活动。比如分类的活动，让他们在画画课之后，或者穿衣服的时候，把自己的东西按颜色归类。甚至可以做一个镶嵌彩色积木的游戏，同时训练几何图形、空间和色彩的认知能力。您也可以在言语之中加入表达色彩的形容词，比如在描绘自然元素时可以说青草、蓝天、红色的虞美人。或者在辨别日常用品时强调一下黄色的锤子、橙色的雨伞等。

9 树叶链条 🍃🍃

　　树叶链条是用自然素材创作的一个基本作品,在很多游戏中都会借用到。我们要把树叶一片片地"缝"起来,然后制作出"大地艺术"极具美感的装置作品。为了达到更强烈的对比效果,可以更替树叶的颜色。秋天是创作的最佳季节,因为这时的树叶会呈现最美的色调,或金黄或火红。最重要的是,完成作品后,要为它找一个理想的舞台,让它与周围的环境融为一体。

　　可以在散步时,将树叶链条摆放成你喜欢的样子。尽情发挥你的想象力吧!也许是地上的树精在跳欢快的圆圈舞,也许是从高处垂下的树叶瀑布,又说不定是草丛中爬行的一条小彩蛇呢。

♥ 所需材料

- 10~15 片月桂叶，或其他不易损坏的树叶
- 园艺剪、牙签或松针

🍃 游戏步骤

1. 在大人的协助下，用园艺剪剪取一些树叶，或者秋天的时候采集一些落叶。
2. 将两片树叶首尾相连，叶尖压在叶尾上。
3. 用牙签或松针将两片树叶串在一起，先从中央叶脉的一侧穿进去，再从另一侧穿出来。
4. 重复步骤 2~3，直至达到满意的长度。

❓ 你知道吗

在秋天，有些树木的叶子会变红或变紫，显得格外引人注目，如樱花树、石楠树。此外，还有嚏根草，也称"圣诞玫瑰"，隆冬时分，它那一抹艳丽的红色会令节日的气氛更加浓郁。

🌿 教学急救包

这个游戏的主旨是拓展孩子的运动功能和动手能力，或者说是对细节的把控能力。通过这个活动，我们能够观察到孩子的行为组织模式，从而了解孩子身体和双手的协调能力。孩子惯用右手还是左手是很重要的一点，越早发现他的习惯越好。如果是左撇手，那么一定要注意他持笔或转动把手的方法。在写字问题上有一个小小的建议：把纸稍微向左偏一点，这样孩子能够看到自己写的内容，并且手不会沾到墨水。手的位置应该在书写线下方，如果在书写线上方会导致手腕过度扭曲。

🐸 小雨蛙讲堂

松果是松树的繁殖器官，它还有个别名叫松塔。雌性松果的鳞片下有种子。如果你把松果放在室外，就会发现它是个超赞的温度计：天一热，它的鳞片就会裂开；而气温下降时，又会收缩起来。

10 松鼠爬梯

　　森林舞台上的演出，主演一定少不了树。在这个植物大舞台上，孩子们会迅速找到导演的感觉，选定一个最佳场所，上演属于他们的冒险故事、宝藏寻踪，或是想象出来的或恐怖或美妙的奇异情节。林中密布的树干与枝叶是孩子们幻想空间的一部分，也是森林中隐秘的小动物们存在的线索。

　　为了连接想象与现实，小小探险家们不妨试着做一个帮助小动物爬树的工具，方便它们找到树洞，躲避危险。一起动手做个松鼠爬梯吧！

所需材料

- 园艺剪
- 不同规格的树枝,不要太粗,最好没有树叶
- 小花,如野生风信子、野生大蒜、蒲公英、小雏菊等
- 苔藓

游戏步骤

1. 首先确定梯子的位置:找两棵紧挨着的大树,它们根部离得比较近,呈∨字形。

2. 用园艺剪剪一些长短不一的树枝。目测树枝长度,把树枝放在树干之间,从下往上,树枝越来越长,爬梯越来越高。

3. 把最短的一截树枝放在最下面,在两棵树干之间卡紧到能受力为止。

4. 其他树枝按照大小顺序依次码放好。注意要轻拿轻放,安插的时候还要考虑每两根之间的空间布局,一直码放到胳膊能伸到的最高位置。再往上就失去支撑点了,而且也可能会破坏下面已经插好的树枝段。

5. 达到理想高度后,用小花朵装饰爬梯。

6. 在树脚下放一块苔藓,一方面使树干和爬梯之间的颜色对比更加明显,另一方面也可以对这个装置作品的范围进行界定,提醒着往来的散步者,眼前是一个用植物素材创作的艺术品。

你知道吗

法国画家亨利·马蒂斯(1869—1954),野兽派艺术家的代表,对树怀有非常特殊的情愫。他在绘画教学的时候,曾对学生说,要把人体当成树那样来观察。

在当代"大地艺术"的不同流派中，安迪·高兹沃斯也以树木的诗意呈现为创作题材。为此，他利用了自己的身体：他躺在地上，躯干如树干，四肢如树枝，双手则犹如纤细枝丫和树叶。

❖ 教学急救包

我们经常能看到孩子或大人背靠在大树上，可能是操场上的一棵栗子树，城市里的一棵白杨，森林或公园里的一棵橡树……倚靠在树上，让我们身体的重量得到承载，在与树皮的接触中，身体与自然发生了直接的关系。时而我们有想要抚摸或拥抱树干的欲望，把它搂入怀中，传递我们的体温；时而我们想要奖赏自己一场树下小憩，让身体彻底地放松。在与树的亲密接触中，我们内心的情感得以释放。

🐸 小雨蛙讲堂

红松鼠是法国唯一的松鼠类物种，是受保护的动物。它们生活在密林边缘，经常能在清晨见到它们活泼调皮的踪影。一只松鼠的体重为 300~500 克，它的毛发呈红棕色，尾巴很长，可达 15~20 厘米，且直立向上，耳朵上的毛发在秋冬季节呈笔刷状，夏季则变短。松鼠无冬眠期，但是在冬天最寒冷的时候也不会外出，而是在温暖的家中享受提前储备好的食物。

11 植物地毯

秋天到了,伴随而来的是绚丽夺目的色彩。没有什么比在树林里散步、放空大脑更惬意的事了。这是一场树的狂欢!在夕阳的最后一抹余晖中,骄傲的树冠熠熠生辉,折射出宝石般的光彩。透明而娇弱的树叶展现出缤纷的色盘,绿色、金色、红色、褐色……应有尽有。

秋风拂过,银杏树洒落了一地的碎金,口鼻中吸入的都是雨后灌木丛中传来的阵阵清香。穿上雨靴,设计一条浪漫的植物地毯吧,让秋天的颜色在这一瞬间定格,让我们的思绪在彩色的世界里尽情徜徉。

💚 所需材料

- 纸袋、木箱或桶、耙子
- 4 根细棍
- 细麻绳或剑麻绳
- 圆头安全剪刀

🍃 游戏步骤

1. 在花园或公园里选好一块地面平坦的场地。

2. 在树下采集一些落叶和果实，装在大纸袋、木箱或桶里。

3. 将采集的素材按照形状或颜色分类。

4. 把 4 根细棍插进土里，设定创作范围的四个角，可以是正方形，也可以是长方形。

5. 把麻绳依次绑在 4 根细棍上，形成一个正方形或长方形。麻绳起到标尺的作用，这样在地面上摆放第一行树叶或果实的时候就会比较规整。

6. 在地面上码放植物素材，按类别紧凑地沿同一方向摆放。每码一排，就换一种颜色、质感或形状不同的植物。还有一种更简单的办法，就是从中心开始设计地毯的图案，然后一圈圈地逐一向外展开。

❓ 你知道吗

银杏树在法语中也叫作"四十埃居[1]树"。它源于中国东部，作为中药材已有 4000 多年的历史。银杏树生命力顽强，寿命可达 2000 年。在日本，

---

1 埃居：法国古钱币单位。

银杏树被视为成长树和长寿树,银杏树叶则是东京市的市徽。日语中的它被称为"ginkgo",意思是"银色的杏"。

❖ 教学急救包

对孩子而言,整理归纳是一种束缚,是成人制定的法则,而不是他们的天性。无论日常生活中还是游戏活动中,孩子们的突发奇想经常会导致周遭一片狼藉。他们应该学会与他人共享空间,要懂得尊重他人的习惯,因此整理是很重要的事情,可以让他们对周围环境有清醒的认识。在上述游戏活动中,需要根据树叶的种类或颜色进行归类,这个过程中,我们可以对孩子整理归纳的能力作出肯定,并让他们知道,我们是充分信任他们的。同时,借助这个集体游戏,孩子也能学会与他人共享空间。

🐸 小雨蛙讲堂

在公园的篱笆下找到的红色或橙色的浆果，它们来自一种名为栒子属的灌木。它们毒性不大，但是也不要送入口中！不仅这种果实，其他任何你接触的植物都不要轻易食用，并记得回家后马上洗手。

12 森林树精 🍁🍁

　　森林里随处可见的木棍、苔藓、树叶、树枝、花朵等，都是为我们提供创作灵感的天然素材。一群小朋友在林子里散步，经常是走着走着就不知道跑到什么地方去了，大自然对他们而言就是一个完美的游乐场。那么，何不利用这欢快的气氛开启一场有意义的艺术探索呢？邀请想象中的树精和我们一起做游戏，在绿的海洋中，用尽各种植物素材创作出它们可爱的面庞。先用铅笔在纸上打草稿，会达到更好的效果哟。

♥ 所需材料

- 徒步靴
- 园艺剪、细麻绳
- 纸袋或木箱，用于收集材料，如树枝、树叶、苔藓、石子等

🗨 游戏步骤

1. 选好创作森林宝贝的地点。可以在平坦的地面上，也可以在垂直的树干上，甚至可以是一个立体的作品。
2. 把形状不一的小树枝组装在一起做成身子。如有需要，可以用麻绳系紧。
3. 用其他元素做成头发、眼睛、嘴巴等。尽可能地采用周围所有的素材，比如可以用树根、苔藓或树叶来作头发。也可以参考下列图片，但最重要的还是让孩子自由发挥想象。

? 你知道吗

树精是童话故事以及凯尔特传说里的形象。作家通常把它描述成一个身材小巧，有些顽劣，戴着大檐帽，穿着红色尖头鞋的形象。它们往往具有超能力，比如预知未来，或者改变人类的命运。

它们在夜晚活动，天性狡黠，可能是个听话的随从，也可能是小矮人、小妖精或者是幻想中的形象。在《格林童话》中就可以找到它们的身影。

❖ 教学急救包

无论父母还是老师,我们都对孩子们早期的绘画作品非常重视,特别是他们为创作设计的草图。从一开始只能画出小人圆形的脸,到后来能够勾勒出细节丰富、比例和谐的身体,这一转变需要孩子对自己的身体有深入的认知,能够把它理解成一个由各个部分组成的不可分割的整体。做这个游戏之前,可以在家中先绘制出草图,您可以建议孩子画出自己想象中喜欢的人像。这幅画的意义还在于,它能够让孩子"自导自演",在讲故事的时候进入自己虚构的世界,可以按照自己的想法展开叙述,安排情节。来吧!把草图揣进小口袋,走进树林,开始我们寻觅树精的旅途吧!

13 黄色长椅 🍁🍁

哗啦啦,下雨啦。上学或回家的路上出现了一片片的小水洼,往里面一跳,真是太有趣了!虽然令家长头疼不已,但孩子喜欢这样的游戏,和小伙伴们一起淋雨嬉戏,弄脏彼此,因为水是小朋友们最最喜爱的自然事物之一。就让他们尽情地在雨中玩耍吧!特别是对于在城市中生活的人而言,这是一个难得的亲近自然的机会,不然要等到放长假才能远离都市。

穿好雨鞋,披上雨衣,准备好一场有哭有笑的冒险吧……因为,谁也不会知道会有什么奇异事件在排水沟里等着我们呢。

所需材料

- 雨鞋、雨衣、桶
- 金黄的落叶，枫叶最佳
- 木椅
- 小毛巾或手绢

游戏步骤

1. 一场阵雨后，采集很多很多的落叶。
2. 装满一桶水，最好在花园的水龙头处或者公共喷泉处接水，不要用水洼里的污水。
3. 把树叶放在水桶中沾湿。
4. 把树叶平摊在木椅上，轻轻拍击使其固定。
5. 重复步骤3~4，直至把长椅全部覆盖住。叶子要首尾相接地互相压住，最好朝向一个方向码放，看上去会更加美观。
6. 完成后，擦干手，并且在回家第一时间洗手。

你知道吗

枫树糖浆是加拿大的特产。它是用枫树的浆液制作的一种含糖量很高的果汁。在初春时节采集的枫树树浆，经过高温煮沸后，就变成了美味的糖浆。

教学急救包

大自然并不是唾手可得，近在咫尺，特别是对于那些在城市居住的家庭。而雨天，就是对后者最好的一种补偿。躲在伞下，看着雨滴在人行道上掉落，观察雨水在排水沟里的流动，用石子向水洼里打个水漂，或者拿根小棍搅动路旁的泥巴……在下雨天进行这些活动，能够让孩子走向室外,释放压力。小朋友们都很喜欢下雨,他们可以从中得到很多乐趣。在水洼中蹦跳能够培养平衡能力,玩水的过程中感官系统将会得到发展,身体在空间中的协调能力也会提高。感受自然不一定非要去遥远的乡村,在城市里我们同样能够自得其乐。抓住这难得的瞬间,就在下雨天。

小雨蛙讲堂

怎么样,想不想自己做一次糖浆呢?快和爸爸妈妈一起动手吧!

接骨木糖浆

和父母一起在路边采集两大捧接骨木花,再准备半个柠檬、200克砂糖、500毫升水。

将洗净的接骨木花放入容器中,加入柠檬汁、糖和水。浸泡一晚。次日,用大火煮开沸腾10分钟。静置冷却,用滤锅过滤后,糖浆就做好了,放在瓶子里可以保存好几天。喝了这种糖浆,不仅可以消炎、除口臭,还能美容呢!

14 花坛 ☘☘☘

如果我说"里面或外面",您一定会认为我指的是做游戏的场所是在室内或室外。不过,在这个游戏里,"里面或外面"可以有两种解释:它既有室内的活动,也有室外的活动;既是关于外在的容器,也是关于容器里的内容。是的,我们要做的是一个花坛,用它来划定花园的界限,这是一个关于色彩认知的活动。

所需材料

- 20多个花盆
- 两大桶松果、落叶、竹叶
- 木屑、护根麻、沙子或其他用于捆扎的稻草
- 十几根竹子，总长度不少于2米
- 旱金莲花或其他花
- 细麻绳
- 园艺用的小铲子、园艺剪

游戏步骤

1. 把花盆集中在一起，其中一些装入松果，另一些装入稻草。留出几个空花盆。

2. 用4根竹竿限定花园的界限。在大人的协助下，用园艺剪把竹竿的尖头去掉。

3. 在地面中央划定边长为50厘米的正方形区域，铺上1厘米厚的稻草或沙子。

4. 将装入松果或稻草的花盆摆在正方形区域里，码成一个心形。

5. 可以在花盆中点缀一些花朵，使其颜色更加鲜艳。

6. 在花园四周堆满落叶，份量要足，以便制造出一种天然的篱笆墙的效果。

7. 在剩余的花盆中填满稻草或沙子，插入竹叶。

8. 将剩余的竹竿切成若干等份。

9. 把剩余的花盆和切好的竹竿交替排列在"篱笆墙"周围。

10. 如果还有剩余的松果，可以用绳子系在竹竿上。

你知道吗

在巴黎大区有一座特别的大楼，叫作"鲜花塔"（Tower Flower），是由法国建筑师爱德华·法朗索瓦设计的。这座建筑的特色就在于，阳台上悬挂着巨大的花盆，里面种满了竹子，住户能够在日常生活中享受自然。这个设计有两个好处，一方面这些竹子形成了一道天然的绿色幕墙，保护了住户的隐私，使其避免被邻居偷窥；另一方面也吸收了多余的光热，使建筑内温度更加宜人。

教学急救包

关于内容与容器的讨论，能够让孩子思考自己身体所处的界限范围。我在里面还是外面，位于室内还是室外，对孩子而言，自己与外部的界限是很模糊的概念。认识界限，可以让孩子学会躲避危险、自我保护或对他人的侵犯说"不"。通过对周围环境的探索，他/她会学着划分自己的身体与他人的界限，从而找到属于自己的位置。

小雨蛙讲堂

"发现了玫瑰花盆"这句话在法语中的意思是"发现了一个秘密"。这是因为，在中世纪，"玫瑰花盆"指的是年轻女子使用的精美的梳妆盒，有时她们会把自己的情书或小秘密也藏在里面。

15 鲜花盛开的树干

对于垂直生长的大树，我们总是习以为常，而在这个游戏中，我们要打交道的却是一段在暴风雨中被劈倒在地的树干。它绝望地躺在地面上，不断地呼唤我们，仿佛在说："你们可以在我身边陪我坐坐，小憩一会儿吗？"为了赶走它的孤独，小朋友们想尽办法，在它布满青苔的温润皮肤上，撒上了五颜六色的花朵。盛装之后的大树，仿佛在挥舞着枝桠向我们连声道谢，感谢我们的作品让它重新恢复了生命力。这是多么令人喜悦的回报啊！

所需材料

- 适宜在森林中行走的鞋子
- 园艺手套、园艺剪
- 春天的花卉与果实
- 小桶或小木箱

游戏步骤

1. 初春时分，乍暖还寒。在树林中散步时，潮湿的灌木丛用依旧寒冷的气息刺激着我们的鼻腔，扑面而来的是腐殖质的气味和鲜花的馥郁。

2. 采集一些盛开的、带有春天色彩的小野花，放入桶里或木箱里，不要采未开放的花苞。

3. 找一根倒地的树干，最好上面有青苔。

4. 将采来的鲜花平铺在树干上。

你知道吗

你听说过朱塞佩·佩诺内[1]的名字吗？他是意大利的雕塑家，在艺术创作中，他经常以树木为素材，作品中充分体现出对大自然的特殊情感，比如他用枯树的树干表达出时间对林中万物的影响。

---

[1] 朱塞佩·佩诺内（Giuseppe Genone），意大利艺术家、雕塑家，出生于1947年，"贫穷艺术"流派的代表人物，现在巴黎国立高等美术学院任教。

> ❖ **教学急救包**

在森林里散步，是让孩子们探索周边自然环境的方式之一，可以利用这个机会教他们辨别危险，学会自我保护的方法。

此外，一家人一起散步也是一个难得的亲子时光，可以开启很多有益的话题，如生态循环与生态系统的概念，景观变化和土地整治引发的问题，自然材料的使用与回收，空气污染与水污染的原因，以及作为公民，我们对环境问题应采取的行动。

🐸 小雨蛙讲堂

揭开腐烂的树皮，你能看到些什么？虫道、菌类、甲虫、树蜂、蚂蚁、昆虫幼虫及其他微生物。枯树的树皮下，往往隐匿着一个潮湿又肥沃的生态系统，孕育了无数生命。例如树干是蜗牛、蛞蝓等昆虫的家；腐木是多样性生物的大本营，这些生物从腐木中摄取营养，并加速后者的分解过程。以上都是森林中大自然再生循环系统必不可少的环节。

16 树叶的圆圈舞

  法兰多拉舞，是疯狂的圆圈舞，是快到飞起来的舞！小朋友们一定都喜欢做折纸小人吧，把它们挂在绳子上，好像翩翩起舞的一群精灵。在今天这个游戏中，我们要用树叶来代替折纸，把它们一片片地固定在一根长长的线上，任它们随风飞舞。

  看到五彩斑斓的树叶围成漂亮的一圈，跳起法兰多拉舞，小朋友们一定会兴奋得不得了。至于这个圈有多大……由你决定哦。

💗 所需材料

- 细麻绳或剑麻绳、照相机（可选）
- 圆头安全剪刀、松针或牙签
- 红色、黄色、棕色、橙色、绿色等各色树叶

💬 游戏步骤

1. 把一根麻绳系在两棵树之间，注意间距不要太小。一定要将绳子拉紧再固定，因为之后树叶的重量会使其变得松垮。

2. 在拴牢的麻绳上挂一片树叶：先以麻绳为轴首尾对折，然后用松针或牙签别住。最好穿过主叶脉的左右两侧，这样会固定得更牢。

3. 重复步骤 1~2，直至达到满意长度。注意树叶悬挂的前后方向要保持一致。

4. 如果有一整天的时间做这个"大地艺术"的作品，我们还可以沿着树叶的投影在地上再摆放一排跳舞的"精灵"。

由于影子的位置会随时间变化而迁移，我们还可以用相机记录下它一整天的位移情况。

? 你知道吗

投影指的是一个物体挡住光线后所形成的黑暗区域。如果你面前有一束光,你身体的影子就会出现在地面上,勾勒出一个没有体积的平面轮廓。你可以尝试将一些植物或矿物素材放置在阳光下,用它们的影子创作出"大地艺术"的作品。此外,你还能观察到影子的变形和位移过程。

❖ 教学急救包

你可以借助这个游戏帮助孩子理解影子的概念,可以和他们一起追着影子跑,或者和小伙伴们玩踩影子的游戏。从心理学的层面来讲,影子其实是"我"的一种投射。它的存在也许会令孩子感到不安,因为孩子可能会在两个"自己"面前难辨真伪,手足无措。有时候,影子还会扮成另一个人的角色,可以是男人、女人或小孩,与"我"展开对话,和"我"一起探讨社交活动中的焦虑问题。有些艺术家,如科莱特·伊夫拉尔[1]或克里斯蒂安·波尔坦斯基[2],他们在作品中通过展现出"图像化的影子"来激发观者的想象力,并借此讨论了影子与童年的关系。

---

1 科莱特·伊夫拉尔(Colette Hyvrard),生于1957年在巴黎生活和工作。
2 克里斯蒂安·波尔坦斯基(Christian Boltanski)生于1944年,摄影师、雕塑家、电影人,《影子剧院》的作者。

🐸 小雨蛙讲堂

你可以在地上放一张纸,画出植物从上方打下来的某一时刻的投影。先用绘图铅笔勾勒出投影的边缘,再用彩色铅笔或油性笔在里面填色。

树叶的圈圈舞

17 红五星 ❋

大家一定都画过五角星或六角星吧？也许是天性使然，小朋友们都会在纸上涂鸦的时候画出两个正三角形正反叠加，或是三个钝三角形的中心部分重叠在一起的组合形状。无论是五角星还是六角星，这些图形都有助于我们对空间的掌握，以及对大小比例的理解，无限大的图形可以转化为无限小的图形。

在今天的大地艺术创作中，我们就尝试利用各种小小的自然元素组合成一个大大的独一无二的星形。相信无论是大朋友还是小朋友，都能从中获得无穷的乐趣。

所需材料

- 白色粉笔、铅笔、纸和相机（可选）
- 扁长形的荚果和果实，如美国木豆树[1]、角豆树等
- 栒子属灌木[2]的红色和黄色的浆果，常用于装饰绿篱
- 其他颜色的浆果

游戏步骤

1. 用粉笔在地上画一个五角星或六角星，画出从中心到顶角的连线即可。
2. 把浆果沿几条粉笔线一个挨一个地依次排好。如果画出了星星的外部轮廓，也可以把浆果码在中心部分。
3. 其他的粉笔线上放上豆荚。
4. 重复步骤 1~3，得到若干个大小不一的星星。
5. 游戏的最后，可以教小朋友们一些绘图的技巧，如用尺子和圆规画出一些几何图形，然后以照片的形式记录下来，作为本次"大地艺术"创作的档案，放在装饰好的星星旁边。

---

1 美国木豆树属紫葳科树木，"木豆"这个名字指的是它结出的长形豆荚及里面的豆状种子。
2 栒子属，蔷薇科植物，多为丛生灌木，分布在喜马拉雅地区。

? 你知道吗

自然界中，有许多植物是以"星星"命名的。比如一品红，在法语中也叫"圣诞之星"，是一种热带植物；还有星形茉莉花，它的花期在夏初时节，香气宜人。

✦ 教学急救包

五边形和六边形的比例在几何学上有着严格的定义。通过数学公式，我们还对美学和构图上的完美比例作出了定义，被称作"黄金分割点"或"黄金比例"。莱奥纳多·达·芬奇画的"维特鲁威人"便是对这一公式的典型示范，还有很多建筑师如勒·柯布西耶也在自己的设计中使用了相关理论。家长们不如借这个机会，花点时间，告诉孩子们一些学科之间的联系，比如视觉艺术与数学、文学和历史都是互通的，这一点在艺术史的学习中会有更深刻的体会。或者也可以从星星图形入手，给孩子们介绍一些天文学的相关知识，如天空、星辰、银河系等。

18 桃 心 ✿✿

随着二月的到来，冬天即将结束，大家都静候着春天重返人间。小报春花是春天回归的第一个讯号：几片嫩叶在枝头初现，最先唤醒了我们的感官。

万物复苏，我们看到的大自然也日新月异：草儿长得更绿了，花儿开得更艳了。这一切都激发了我们情感的升华和表达的欲望。那么，在孩子们眼中，亲情与友情的符号是什么呢？当然是桃心啦。

所需材料

- 粉笔或小棍
- 散步过程中采集的植物和矿物素材，如树叶、花瓣、碎石、鹅卵石、沙子、泥土、青草、根茎、苔藓等

游戏步骤

大大的桃心，几个人一起完成。

1. 用粉笔或小棍在地面画一个对称的心形，作为整个作品的中心。一个简单的画心的方法是：先画一个圆，在圆里画一个"十"字，在左右两侧分别沿着圆形画出桃心的轮廓，然后擦掉辅助的圆形。

2. 将采摘的植物和收集的小石子分类码成几小堆。

3. 用绿色的树叶沿着心形摆出轮廓。如果有风，就放几块石子在上面压住树叶。注意树叶码放的方向要一致，首尾要紧密相连。

4. 在第一个心形外面再画一个，这一次用花朵来摆出轮廓。

5. 依此方法，分别用树叶、青草、石子、小棍等摆出一圈一圈越来越大的心形。注意，每一圈之间相隔的距离要相同哦，这样整体构图才会和谐。

小桃心和大桃心的制作步骤类似，只是每个小朋友可以独立配制和完成一个自

己喜欢的桃心。心灵手巧的小朋友可以尝试不用粉笔勾勒，直接用青苔、叶子或卵石来摆出中央的心形。

? 你知道吗

大自然可以不借助外力创造出天然的心形。我们在花园里就可以见到名为"玛丽之心"的荷包牡丹，一种粉色和白色的小花，成串地挂在细细的枝头，娇嫩细腻；还有酸浆，又叫"笼中爱"，中国称"红姑娘"，它的种子像犯人一样被禁闭在风干的花朵里。除此以外，还有各种各样的常春藤叶片和鹅卵石也是天生的心形。快到大自然里找找看吧！

✦ 教学急救包

在小孩子的世界里，图像是一种表达的语言。通过以上活动，可以帮助他们探索自然素材与心形这个象征图像之间的关联。在建立联系的过程中，孩子会根据对图像的内心感受或具体的客观事物来审度自己观察外部世界的方式。

19 蛇 ✦✦

"这些蛇是为了谁在朝着您伸出毒舌'嘶嘶'作响?"拉辛在他的名作《安德罗马克》中写下这句著名的叠韵诗,因其发音特别绕口,孩子们读后都大笑不已。但是倘若他们看到了一条活生生的蛇,那可就笑不出来了。那一连串富有律动感的"嘶嘶"吐舌声,仿佛是在模拟爬行动物前行时的节奏。

透过清晨的薄雾,我们似乎能隐约瞥见一条巨蟒从我们的想象世界里横空出世。别怕,这一条"巨蟒"并不像传说中的那么凶恶,相反,它温顺地躺在那里,期待和小朋友们一起做游戏呢。

所需材料

- 粉笔或小棍
- 装落树的大口袋
- 五颜六色的落叶、砾石
- 2颗栗子或2粒较大的果实

游戏步骤

1. 找一块空间充裕的平坦空地,迎接"巨蟒"的到来。

2. 用粉笔在水泥地上画出动物蜿蜒的身形,如果是泥土地或沙地,就用小棍画。根据你的需求,可以用一条线或两条线来呈现。

3. 沿着粉笔线,将树叶一片片依次码放整齐,注意要顺着同一方向摆放,正面朝上。可以按一定的规律更换树叶的颜色。

4. 一直码放到蛇的头部,之后用果实当眼睛,砾石作分叉的舌头。

5. 完成后,再一起读一遍拉辛的名句吧:"这些蛇是为了谁在朝着您伸出毒舌'嘶嘶'作响?"

你知道吗

前文介绍过,安迪·高兹沃斯是大地艺术流派的代表人物,他擅长在创作中利用植物、水流、冰川、石头、天气条件等自然元素,比如位于法国北普罗旺斯省的地质保护区的《地上的蛇》这个作品。在《时间》

这本书的封面上,你可以看到它的照片:所谓的"蛇",其实是艺术家在橙黄色的黏土墙上精心设计出来的曲线,那种如水般的流动感,宛若一条匍匐前行的蛇。

❖ 教学急救包

爬行动物可能会引发孩子们的恐惧。有些人可能天生怕蛇,他们的恐惧是发自内心并伴随一生的;而小孩子对蛇的恐惧可能只是阶段性的情绪。尽管如此,这种恐惧依然有可能引发强烈的心理不适。遇到这种情况,与其避免孩子接触恐惧对象,不如帮助其一点点克服对蛇的恐惧。但也不是说要把一条蛇径直摆在孩子脚下,而是通过"大地艺术"的游戏活动,在潜移默化中帮助他们转移在想象中发酵的危险感,通过创作出的造型艺术品,让他们觉得这条"蛇"看起来并没有那么可怕。活动流程可以参考3号游戏"地上的昆虫",在开始前先绘制好作品草稿。

🐸 小雨蛙讲堂

玻璃蛇是一种小型蜥蜴,它皮肤光滑,看上去就像一条蛇。受到攻击时,它会丢掉自己的尾巴以保住性命。别伤害它,它可是花园里的益虫。

20 植物墙 ✤✤✤

有什么绿色植物是垂直生长的,且能爬上爬下？不不,答案可不是"一颗坐电梯的豆子"。这不是机智问答,而是人们对于改变生存环境而提出的严肃的思考。如果我们只需抬起头就能看到满眼的绿色,如果能够运用植物来拯救一幢面目全非的老楼、一个寸草不生的后院或是家中一面老化斑驳的墙壁,那将是一个多么赏心悦目的世界啊。

在这个游戏中,小朋友们将会用回收的废品来搭建一面再生墙,比如纸盒、毡布、植物纤维以及从花园中选取的叶片和种子,等等。至于这面墙放在哪儿……小朋友们一定希望能够在花园的角落里,学校的操场上,或者全家人度假旅行的地方来创造这个作品。

❤ 所需材料

- 种子及植物幼苗,如香料植物、旱金莲、猫草等
- 园艺小花盆或陶土花盆
- 桶、园艺铲、水壶、耙子
- 不同规格的干净的纸盒,如包装盒、鞋盒等
- 罐子、纸盘、画笔和报纸,上色用
- 绿色和棕色的丙烯颜料
- 铅笔、刻刀、剪刀、细麻绳
- 园林毡,可在苗床盒子下面找到;植物纤维的布料或纸袋
- 腐殖土、一袋沙子或砾石
- 树叶、花朵
- 木制尖头器具,如牙签或烧烤用小木签
- 月桂叶链条,见9号游戏

🍃 游戏步骤

1. 在花盆里育种,按时浇水,等待发芽。也可以从小伙伴那里移栽一些植物。

2. 回收大小各异的纸盒:大盒子用来做支撑墙,小盒子当抽屉。如果你希望作品看上去整齐、对称,可以使用大小相同的盒子,但规格不统一的盒子也是可行的,只要符合个人创作意愿即可。

3. 在桌子上铺上旧报纸,准备好颜料,在罐子里倒满水。在纸盘里挤一点颜料,与水均匀混合。

4. 把大纸箱外面全部涂上绿色。

内部留白。

5. 小纸盒去掉盒盖，涂成棕色。

6. 将所有的纸盒反面朝上，静置晾干。

7. 在大纸箱的正面，用铅笔画出小纸盒的正面尺寸。剪掉这个长方形，使小纸盒能像抽屉一样自如地进出。这就是之后放置植物的地方。

8. 用剪刀将园林毡或纸袋剪成与抽屉底部面积相同的形状。先用笔尖将抽屉底部钻几个小孔，再把园林毡或纸袋铺在上面。

9. 铺一层湿润的腐殖土，轻轻拍实。

10. 把发芽的植物移植到抽屉里，占满抽屉的一半即可。

11. 把大纸箱靠在墙上或篱笆上摆整齐。用麻绳把它们绑在一起，再用沙袋或砾石袋作压载物放在纸箱里看不见的地方。

12. 小心地把装有幼苗的抽屉插进大纸箱里。把它们依不同程度打开，制造出视觉上的和谐感。

13. 在纸盒盖或较小的纸盒上摆放一些植物素材，如树叶、花朵等，用小木签将它们固定好。将这些装饰纸盒摆在植物墙脚下。

14. 大纸箱之间可以用树叶链条来装饰。

请注意，浇水的时候不能用普通水壶，而要用喷壶。如果希望植物墙保留的时间久一些，就要把它安置在一个不容易淋雨的地方。

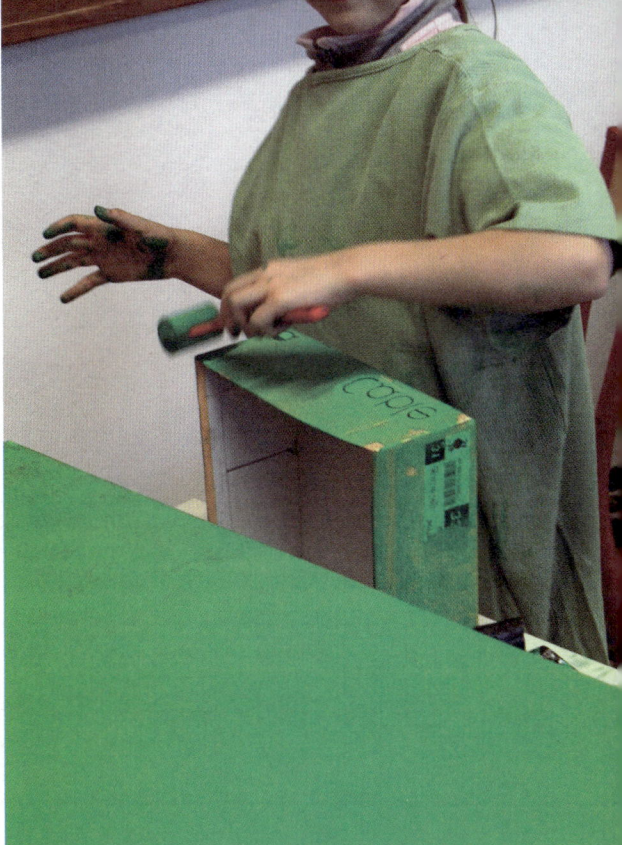

? 你知道吗

植物墙可以理解为一座垂直的花园。很多园艺学家和装饰艺术家都推荐使用这种装饰元素来改善我们的生存环境，让日常生活中随处充满绿色。植物墙的发明者是生物学家、植物学家、热带丛生灌木植物专家帕特里克·布朗，他设计了巴黎布朗利码头博物馆的植物墙。还有很多其他的建筑物也出自他手，如巴黎植物园温室的天顶。

❖ 教学急救包

植物墙早已进入了我们的日常生活。很多书中都介绍了制作的相关技巧和建议。鉴于它垂直的外形，我们能够尽可能地节省空间，减少空间阻碍。此外，由于植物的蒸腾作用和呼吸作用，它也起到了室内加湿器的作用。借此机会，可以为孩子介绍一下植物的氧气吸收循环机制以及叶绿素的产生。关于制作材料，平时我们也可以购买一些商品的包装纸板和套盒，来做一个小型的植物墙，花费不高，却能让孩子在花园里度过一段惬意的时光，并学会照料园中的植物。

21 花瓣蛋挞

　　小朋友们总喜欢在厨房里亲自动手和食材打交道。要是他们拿来什么特别的儿童大餐给我们品尝,一定要耐心配合,用心赞美——不管是石子沙拉,还是蜗牛黏液大拌菜,抑或是看上去黄黄的"沙"糖水。

　　总之,如果能和家人、朋友一起在天然的"青草锅"里煮一顿美味佳肴,是多么难得的快乐时光呀。不妨试着做个"鲜花蛋挞"吧,虽说不能吃,也无法保存太久,但说不定真的能让我们食欲大增呢。

所需材料

- 小木条和细麻绳
- 小石子、棍子、园艺剪
- 五颜六色的花朵、3根榛树细枝
- 松果、栗子、橡实等
- 青苔和各色树叶
- 种子,如干豆子、榛子等

游戏步骤

1. 用木条和细麻绳做一个"圆规"。

2. 把棍子插在花园一角,之后用"圆规"在地上画一个圈。

3. 将准备好的植物素材由外向内一圈圈地码放整齐。植物素材和矿物素材分开摆放,可以使装饰物显得对称且整齐,就像一个真的苹果蛋挞那样。

4. 最后,在蛋挞中央放一个色彩鲜艳的物体,比如一朵漂亮的玫瑰或雏菊。

5. 把3根榛树细枝的一端绑在一起,做成三脚架状,支在蛋挞外圈,树枝之间的间距尽量相等。取一些亮丽的素材,或者做一串松果挂在三脚架上,位于蛋挞上方。如此一来,蛋挞就摇身一变,成了漂亮的多层蛋糕!

你知道吗

自然界中,有些花朵是可以食用的,如紫罗兰、虞美人、玻璃苣、玫瑰、洋甘菊、蒲瓜、洋槐、秋海棠等。但在食用时一定要保证这些花没有经过化学处理，也没有受过污染。如果恰好你的花园中种有这些花卉，可以尝试在烹饪时采一些使用哦。还有一些花朵则是有毒的，如欧洲夹竹桃、铃兰、洋地黄、雪花莲、仙客、银莲花等。要是不确定花的种类，可以请爸爸妈妈帮忙找一本植物学词典查看，或者请专门的药剂师来鉴定。

❖ 教学急救包

比起瓜果蔬菜，蛋糕、甜点这些高糖分的食物对孩子们更有吸引力。孩子们也喜欢观察盘子里的东西。作为父母，可以把不同颜色和材质的食物放在一起，用寓教于乐的方式把它们码放成一张脸、一个人、一座火山等，从而帮助孩子们认识新的食物并了解它们的营养价值。

也可以利用食物表格来开启孩子的感官认知，借此区分味觉和嗅觉这两种关系密切却又截然不同的概念。活动过程中，可以借用儿童游戏餐具，效果更佳。或者不妨试试天然的容器，如空椰子壳、生菜叶或卷心菜叶、鸡蛋壳、掏空的西红柿等。食物与色彩的关系也是培养孩子对食物感知过程中的一个有效的切入点。

🐸 小雨蛙讲堂

花朵沙拉

准备 1 棵新鲜洗净的生菜、6 朵去蒂旱金莲、4 朵白石竹花花瓣、6 片玫瑰花花瓣、1 捆洗净的小红萝卜、1 把去壳的葵花籽、一撮香料植物、少许油和醋、一点点盐。

在沙拉盘中加入油、醋和盐,调成酱汁,放入切好的生菜叶。洗净采摘的花朵,不要在水中浸泡,直接放入沙拉盘中。加入小红萝卜、葵花籽和香料,一盘美味的花朵沙拉就做好啦,请用餐吧!

22 树叶串烧 🍁🍁

　　这是一个适合在秋天进行的游戏，在林中散步或公园小憩之时，随手拾几片多彩的树叶。当然其他季节也未尝不可，我们可以尝试使用常绿树的叶片。不过采集树叶时要注意叶片的柔韧性。

　　做好这些树叶烧烤之后，不妨把它们摆在青苔或嫩草做成的托盘上，再洒一点雨水做调味酱汁，岂不美哉？

🩷 所需材料

- 铅笔或笔直的小木条
- 木签，如牙签、烧烤木签或小树枝
- 3~10片月桂叶或其他耐受性好的叶子

🍃 游戏步骤

1. 借用铅笔将一片树叶卷起来。
2. 把卷好的树叶卷串在木签上。
3. 再卷几片树叶，依次串好，一根串烧就完成了。要想做得更漂亮，可以把树叶卷错开一些，串的时候不要沿着同一个方向。
4. 重复步骤1~3，多做一些。
5. 将串烧插在地上，依次码放整齐。可以摆成一个几何图形，如圆形、螺旋形、方形等等。

❓ 你知道吗

月桂树是一种常绿乔木。如果不修剪的话，可以长到15米高。它属于蔷薇科李属植物，同类植物还有李子树、樱桃树、杏树、扁桃树和桃树。古罗马帝国时期，部队将领会把月桂树枝戴在头上，作为胜利与荣耀的象征。中世纪的时候，月桂树还是诗歌的象征符号，吟游诗人与文学诗人都会头戴月桂叶以示自己的身份。此外，你还可以在历史书中查查1804年12月2日拿破仑·波拿巴加冕时的情节，当时这位君主就戴着胜利的

桂冠。你也可以试着做个桂冠给自己,做法可以参考9号游戏"树叶链条"。

❖ 教学急救包

游戏中,我们可以自由改变串烧的大小和颜色。因此,采集的树叶应形状各异,这也是一个教孩子识别和命名不同树木种类的绝好机会。把串烧插在地面上时,要注意间距保持一致,并且要排列整齐。至于排成什么形状,就让孩子们尽情发挥想象,去选择他们各自钟爱的造型吧。

卷树叶的过程需要较为细致的动手能力,也就是说,要能够自如地控制手上的肌肉,以做出细致、精确的手部动作。此外,孩子们天生喜欢收集形状各异的图像和物品,借此机会来个宝藏大集合吧,您可以建议他们把叶子做成标本,收集在册。

🐸 小雨蛙讲堂

小朋友们注意啦,采月桂叶本身可能没有什么风险,但千万别咬它或吃它,因为这种树叶会在人体内吸收代谢生成有毒物质。摸过月桂叶后一定记得洗手,并且每次游戏过后都应如此。

23 地上的人影 ✤✤

地上的人影是什么意思呢？就是用粉笔在地面上描出一个小朋友或大朋友的身体轮廓。画好之后，在周围找点自然素材来填满人形，从而体现出人体的各个部位。至于人物的造型，只要跟着感觉走就好啦，灵感会告诉你他/她该穿什么样的衣服，性格如何，以及在幻想世界里和他/她的小伙伴们展开了怎样奇特的历险。

所需材料

- 白粉笔或细木棍
- 纸袋或小木箱
- 自然素材，如树叶、树皮、石子、种子、松果等

游戏步骤

1. 为作品找一块合适的地方。最好选择平坦坚硬的地面，以便用粉笔作画。如果是沙质土地，也可以用小木棍来勾勒轮廓。

2. 一人躺在地面上，另一人用粉笔或木棍沿着身体画出外缘。完整地从头画到脚。

3. 小心扶起地上的人，注意不要抹掉刚画的轮廓线。

4. 在周边地区寻觅一些自然素材，如花朵、青草、石子、细枝、种子、树皮、沙子、羽毛等。采集的素材可以放在衣服口袋、纸袋或回收的小木箱里。

5. 根据颜色、质地等标准来给这些素材分类。

6. 用素材填满人形内部，别出框。摆放的时候要有耐心，才能布置得井井有条，得到一个和谐的整体。

7. 填满后，再仔细观察五官是否齐全：眼睛、耳朵、嘴巴……

你知道吗

轮廓指的是根据人脸、身体或某一物体的影子外缘线画出来的形状。有个游戏叫作"人影捉迷藏"，意思就是根据影子来判断这个人是谁。

你听说过皮影戏吗？它是中国的一项传统艺术，表演者在幕布上打上强光，通过剪影来演绎故事。

❖ 教学急救包

孩子在用粉笔画人形时，您可以在一旁帮助他记忆人体各个部位的名称，只要说出名字即可。如此，孩子便对身体有了初步的认知，并能感受到自己的身体与外部空间的关系。您也可以使用一些参照词汇，比如"左和右、里和外"等。

🐸 小雨蛙讲堂

要想一次性画好人形，按压粉笔时一定要轻。要想画好手，则需要地上的模特张开五指配合。如果是在家中，可以尝试将几张大纸拼接起来，在上面画出你真实的身高，一张身体图解就诞生了。

24 漩涡 🍁🍁

下雨天散步的时候,我们总能在路上遇到列队的蜗牛缓缓而行。柔软的触角,驼在背上的小房子,以及那极富诗意的漩涡状贝壳纹路。

小朋友们总是情不自禁地被它们吸引,于是便蹲下身来,静静地观察。蜗牛不紧不慢地前进,所及之处留下了一道长长的银线,谁也不知道它的目的地究竟在哪里。经过一番观察,我们从这些可爱的腹足纲动物的贝壳上得到了这个游戏的灵感,一起来创作大自然的漩涡吧。

所需材料

- 用于装材料的桶或小木箱
- 叶子、石子、花朵、贝壳等

游戏步骤

1. 选择一个平坦开阔的地点。
2. 把采集的自然素材按照类型、材质或颜色集合，摆成几小堆，注意要离创作地点稍远一些。
3. 选一个素材放在地面中央，作为漩涡的中心。
4. 将素材小心地依次码放成螺旋状，即一条规则的围绕中心展开的曲线，每一圈都距离中心更远。
5. 得到合适大小即可停止。
6. 以此方法做几个漩涡。如果把3个漩涡紧挨在一起，就组成了一个典型的凯尔特族的三重螺旋，即"三曲腿图案"。

升级版漩涡

把月桂叶按漩涡形一片片地固定在一块轻薄透光的布料上，挂在两棵树或两棵粗壮的植物之间，便做成了一个垂直版的漩涡。

所需材料

- 塔拉丹布或网纱布，能产生透明效果即可、相机（可选）
- 月桂叶、牙签或松针

游戏步骤

1. 剪一块大小适宜的布料，将布料拉紧并用木条（如牙签）或绳子固定住它的四角。

2. 将月桂叶"缝"在布料上，具体方法参见9号游戏"树叶链条"。两片叶子拼接的同时与下面的布料串在一起。把叶子串成漩涡状，填满整块布。

3. 把缝好的树叶和布料悬挂起来，可以在室外保持几个月的时间。随着时间流逝，树叶会干枯，叶绿素的颜色会逐渐变成黄褐色，之后是深褐色。在没有人工干预的情况下，大自然会自主地调节它的色彩。

4. 如果作品能够保持几周的时间，我们还可以用相机定时记录下它的变化。这是观察"大地艺术"瞬时现象的一种方法。

? 你知道吗

在罗伯特·史密森[1]的作品《螺旋形的防波堤》中，艺术家用沙子、泥土、盐和岩石在美国的盐湖城做了一个巨大的漩涡。螺线总长 457 米，宽 5 米，可谓一个巨型几何雕塑。艺术家从当地盐的晶体以及盐湖水的漩涡形状中获得了灵感，于 1970 年创造了这个作品。但由于水的侵蚀，该作品现濒临消失。

✤ 教学急救包

游戏中的螺旋结构使人想起"阿基米德螺线"，它依据古希腊叙拉古的数学家阿基米德的名字命名。何不借此机会向孩子介绍一下数学的奥秘？

其实，从七八岁起，孩子就有了逻辑推理的概念和能力，他能够独立解决数字问题，当然，需要将一定程度的抽象事物与某些具象事物相对应起来才行。

---

1 罗伯特·史密森（Robert Smithson, 1938—1973），美国艺术家，从属于大地艺术与极简艺术流派。

25 迷你木排 ✽✽✽

这个活动要在水边进行，比如河边或是较浅的水塘边，池塘或海边也可以。必须要有大人陪同。这个水上艺术品最适合在假期的时候，同家人或伙伴们一起创作，乐趣无穷。

所需材料

- 园艺剪、手套、麻绳或剑麻绳
- 1 根细长松软的榛树条或其他灌木树枝、花朵、种子或小石子
- 10~15 片月桂叶或其他柔韧性好的树叶
- 牙签或松针

游戏步骤

1. 用园艺剪剪掉榛树枝上的叶片和细枝，此步骤需在大人陪同下进行。

2. 将剥干净的榛树枝等分成 40~50 厘米长的 6 段。

3. 将两段树枝平行摆好，用线把树枝的两端绑起来。线要多绕几圈，勒紧。

4. 做一个月桂叶的小链条，参考 9 号游戏"树叶链条"，长度足以缠绕两个树枝一圈即可，做好后就成了木排的平面。

5. 把花朵、果实和小石子放在平面上，这些是坐木排的乘客。

6. 如果水源足够深，在木排上系一条长绳以控制它在水中的航向。如果水不深，我们可以在水平面上做一个支架：用两段树枝插进水底的沙床中，水上部分交叉用绳子系住固定。再用两段树枝做一个相同的支架。然后将木排放置在两个支架组成的台子上。

7. 迷你木排可以依据个人需要让其漂浮在水上或凌空架起。

❓ 你知道吗

《美杜莎之筏》是法国画家西奥多·杰里科于1819年创作的作品。这幅画描绘了法国航海史上一幕真实的悲剧——"美杜莎号"舰队海难事件，1816年7月发生于毛里塔尼亚海岸线附近的海域。现在这幅著名的油画陈列在巴黎的卢浮宫里。

✤ 教学急救包

水是非常重要的基本元素，也是园林中受人喜爱的组成部分。在现代社会中，水的地位更加突出。为了保护生态环境，我们提倡节约用水。喷泉、池塘等水集中的地方，既是大自然结构组成里的必要元素，同时也具有重要的象征意义。

在孩子的世界里，水是想象的源泉，是仙女、仙子、沼泽精灵出没的地方；但它的深不可测、无边无际、充满未知也会激发起孩子内心的恐惧，使他们觉得在大自然面前自己不过是一个无能为力的旁观者。在这个游戏中，通过将小木排划到水的对岸，可以让孩子看到自己对这个难以控制的元素所具备的行动能力。您可以为孩子提供一些诗意的视角来看待水，列举一些著名的地点，如凡尔赛宫花园里的喷泉，还有大运河的结构和视角，尚蒂伊城堡和沃子爵城堡的水镜。如果想得到声音等全方位的感官享受，可以去看看巴黎的蓬皮杜当代艺术中心门前的斯特拉文斯基喷泉——尼基·德·圣法勒[1]和让·丁格利[2]的作品，还有巴黎安德烈·希特罗恩公园里的水上游戏、卢瓦尔肖蒙城堡园林节留下的作品"雾谷"[3]，以及巴黎卢森堡公园池塘上泛起的小舟。

🐸 小雨蛙讲堂

你也可以用其他回收的材料来做小木排，也就是在你家垃圾桶里捡到的干净的物品，像软木塞、废纸、纸盒、绳子……注意，不要把你的木排扔在水面上不管，回家的时候一定要记得把它带走。

---

1 尼基·德·圣法勒（Niki de Saint Phalle, 1930—2002）是法国画家、雕塑家、导演，新现实主义流派艺术家。
2 让·丁格利（Jean Tinguely, 1925—1991）是瑞士雕塑家、画家，新现实主义流派艺术家，1971年与尼基·德·圣法勒结婚。
3 www.domaine-chaumont.fr

26 勤劳的小蜜蜂 ✤✤

如果我说到"蜜蜂",你们第一反应会是什么?一定是那个动画片里著名的小蜜蜂"玛雅"[1],还有她的朋友蜜蜂威利,蚱蜢菲利普,蚯蚓麦克斯和老鼠亚历山大。从她飞出蜂巢那一刻,就在朋友们的陪伴下探索世界。通过这个童年时代虚构的角色,小朋友们会发现在真实的昆虫世界里,一只蜜蜂的一生从不停息。

它在花丛中飞来飞去,不知疲惫地采蜜,为了养活自己,也为了运回蜂箱。它要赶走潜在的敌人,面对危险时要勇往直前,甚至冒着丢掉翅膀、失去蛰针的风险。让我们创作一组作品来表彰勤劳勇敢的小蜜蜂吧,这样就能有充裕的时间细细地观察它,沉浸在它的故事里……

---

[1] 《小蜜蜂玛雅》,制作于1975年的日本动画片,根据德国作家瓦尔德玛·邦塞尔斯的小说《蜜蜂玛雅历险记》改编。

❤ 所需材料

- 扁长的秋天落叶，把它们夹在书里静置几天，使其变得平整干燥
- 松果、胶水
- 葵花籽、南瓜籽或其他植物的籽
- 极细的小木棍、园艺剪、钓鱼线（可选）
- 大约铅笔长短的笔直的榛树细枝

🍃 游戏步骤

1. 搜集一些落叶，可以是橡树叶、栗树叶，或在园艺用品商店里出售的干枯的树叶。在这个游戏中，我使用的是菩提树的树叶。

2. 将松果的尖头部分朝后摆放，扁平的一面做蜜蜂的头。

3. 将2粒南瓜籽黏在松果上作眼睛。微微调整南瓜籽的位置，就可以改变蜜蜂的表情。比如向下的眼睛就显得悲伤，向上的眼睛则显得快乐很多。

4. 在松果两侧放上2片叶子作翅膀。不用胶水也可以固定，用一小段木头插在树叶和松果的鳞片之间即可。

5. 将榛树枝的一端削成斜尖状，以固定在松果的鳞片之间。轻轻按压蜜蜂使之固定在树枝上。

6. 把成品插在花盆里，或花架上，或

花园中有遮蔽的区域。我们也可以将它做成一个可移动装置。先做十几只蜜蜂，用钓鱼线把它们吊在用软木杆做成的门拱上。当有风吹起，小蜜蜂也会随之舞动。

7. 小蜜蜂可以安放在阳台上或花园里，独自一只高高挂起，也可以让它们成群结队地在蜂巢周围放哨，随时应对危险。

注意：天气潮热的时候，松果的鳞片会张开，天冷的时候会闭合起来。如果把蜜蜂放在室外，一定要将它的翅膀固定稳妥。

? 你知道吗

蜜蜂住的房子叫"蜂巢"。在蜂巢里，我们的蜜蜂朋友们在长长的巢壁上建造六边形的小房间，被称作"蜂室"。这些小房间是用工蜂分泌的特殊蜂蜡建造而成的，用于繁殖工蜂的后代以及用来产蜜。每间蜂室都通过形状为三个菱形的底面与其他三间蜂室相连。蜜蜂究竟是如何设计出这些呈规则几何形状的小蜂室的？这还是个未解之谜。但是可以确定的是，这些小房间非常牢固。因此，科学家对菱形构图青睐有加，并把他们的观察结果应用到了工业包装和装饰图画中，即我们所称的"蜂窝"结构。

❖ 教学急救包

众所周知，蜜蜂的死亡一部分是由于气候的变化与农药的使用，此外还有亚洲蜜蜂的引入以及寄生虫对蜂巢的破坏。建议通过这个游戏，帮助孩子了解环境保护的重要性，要让他们知道，尊重生物多样性和维护自然环境是每个人应尽的责任。法国政府不久前提出了为昆虫搭窝的倡议，希望大家能够在花园里建一些"昆虫旅馆"，或者在适宜蜂群安居的地方安置蜂巢。

如果您想要获得蜂巢或者成为资助人，可以咨询的机构有很多，比如SNA（法国国家养蜂业工会），他们会为您提供相关的地址、网络链接信息等。此外还有许多文献值得参考。

🐸 小雨蛙讲堂

生为一只幼虫，成长在一个大大的蜂窝里，只喝蜂王浆慢慢长大，一天天变强，灭掉其他未来蜂后的候选幼虫。学会打扮，飞得极快，以此在求偶期吸引众多的雄性追求者。耐心孵卵3年，保证后代的延续，没有皇冠也不难过！

27 可移动画框 ✤✤✤

走在夏天的小径上，路旁时常会看到绿色或棕色的长茎植物，顶端生长着或白或黄的伞状花序，偶尔还会有略带红色的，如胡萝卜的花朵。这些植物的茎通常是空心的，外表呈条纹状，这正是本游戏中我们所需的素材，用植物的长茎做一个天然的画框。

💜 所需材料

- 园艺剪、圆头安全剪
- 自然素材，如青草、花朵、茎
- 照相机（可选）
- 细麻绳或剑麻绳

🎮 游戏步骤

1. 采一根较粗的长茎植物，粗壮为佳。
2. 在大人的帮助下，剪掉上面的叶子和花朵。
3. 再采一根较细的长茎植物，重复步骤2。
4. 将每根长茎切成四等份。
5. 把较粗的4段的两端各折一个90度直角。
6. 由于茎是中空的，我们可以把细茎套进粗茎弯曲的部分中。2根粗茎加2根细茎便组成了一个方形的画框。适当调整茎的长度，使其形状规整。
7. 把画框放在面前，"咔嚓"拍张照片，一幅天然的自画像就做成啦！
8. 还可以在画框里缠一些青草，做成网格状，之后在上面以花朵装饰。
9. 用安全剪剪一段长长的线，穿过画框，挂在矮树枝或小灌木上。

❓ 你知道吗

伞形科植物的茎是中空的，很硬，外表有条状棱槽，这是由茎皮里的髓形成的，它内含芳香浆液。

某些伞形科植物，如茴香和欧毒芹，高度可达1.8米。伞形科植物的花朵也很有特色，很多很小的花朵集结在一起，形成了"伞"的形状，这也是这一家族植物名字的来源。

❖ 教学急救包

除了大茎套小茎需要一双巧手之外，这个游戏还为孩子们展示了画框的定义：图像的界定。活动中，孩子们实际上是在大自然中创造了一个能够自主圈定画面范围的装置。

我们可以为孩子提供一台相机，让他们体验取景的乐趣，感受目光在影像上停留的过程。选好景之后，还可以请孩子们对影像进行一番描述，以叙述的形式说说他/她都看到了哪些事物。叙述的过程中可以对物体的线条、纹理、材质、色彩和形状等特性进行比较。

🐸 小雨蛙讲堂

伞状花会吸引各式各样的昆虫停留，比如蜜蜂、蜘蛛、蝇类和甲虫类生物。你可以用放大镜细细观察它们。在切断植物的茎之前，使劲摇晃几下，让小虫子们有充分的时间去别的地方休憩，这样在创作作品的时候，我们也不会被突然出现的昆虫吓到了。

28 曼陀罗 *

如果想在室外找一个大小朋友都能参与的游戏，那么做一个曼陀罗的大地艺术品最合适不过了。

曼陀罗是一个圆形的装饰，我们可以根据不同的季节，按照自己的灵感来进行创作，在自己家附近、公园里或游乐场上获得各种植物和矿物素材，无论乡村城市，一人或多人都可以进行。

❤ 所需材料

- 园艺手套、彩色铅笔、白纸
- 桶、纸袋、小木箱或纸盒
- 自然素材，如花朵、种子、青草、石子、泥土、木头、沙子、蛋壳等

🍃 游戏步骤

1. 选择一块平坦空旷的场地。

2. 采集尽可能多的自然素材，按照材质或色彩进行分类，将分类后的素材放在纸袋里。

3. 用彩色铅笔在纸上画一个曼陀罗，为作品设计一个草图。

4. 在地上放一个小的圆形素材，或者摆放一小圈花朵，以此作为曼陀罗的中心。一定要严格按照圆形的走向来创作，这样作品才能构图平衡，富有美感。

5. 依次创作出一圈接一圈、越来越大的圆。注意素材之间不要留白，要排列整齐，按照同一方向码放，或不同方向轮换着摆放。花点时间思考色彩、形状、质感和大小的排列组合。如果某一圈摆得有点儿歪，一定要重新调整素材的位置。

6. 得到心仪的大小后，这个曼陀罗就完成了。这是一个可以无限延续下去的艺术作品，只要有足够的空间。

? 你知道吗

"曼陀罗"这个词来源于一种非常古老的印度语言,叫作"梵文"。曼陀罗的意思是圈、中心、统一、圆周,也就是一个环状的向心形图像,它的圆心象征着宇宙的无限。

❖ 教学急救包

这个游戏首先要考虑到色彩的植入,即每一圈的颜色变化,以此来推动孩子内心世界的表达,并能够激发他/她的想象力。

其次,在地面上码放素材的过程需要注意力高度集中,还要能够掌握平衡以及拥有平静的心态。游戏之始,我们在地上画的一个圆。从圆心出发,我们将会逐步置身于圆环之中,通过一圈圈的重复,不断扩大作品的领域,被带向无限的未知。

整个游戏过程中,我们要斟酌地面上摆放的素材材质和色彩,完完全全地沉浸在与自然的对话之中。通过逐渐扩展开来的圆形轨迹,我们建造出的空间使我们与自然空间对立起来。这个天然的曼陀罗刺激着我们的感官,为我们开启了一段情感的历程。

29 蜘蛛网 ✢✢✢

在 4 号游戏中，我们学会了制作黏土刺猬和木头刺猬。依照同样的方法，我们还可以做出漂亮的蜘蛛，因此这两个游戏可以同时进行。那么现在我们要做的蜘蛛网就可以成为这个黏土小动物的支撑，为它提供一个特别的背景。

我们可以在万圣节或者生日聚会的时候和大家一起完成这个作品。相信无论是大朋友还是小朋友，都会从中得到乐趣。

所需材料

- 大型蜘蛛网需要竹竿或长树枝，小型蜘蛛网只需坚硬的短树枝即可
- 2卷细麻绳或天然材质的彩线
- 画笔和颜料
- 装花苗的塑料盆（可从花圃店或园艺用品店回收）、矮凳

游戏步骤

1. 将树枝摆成星星状，用麻绳将树枝绑紧，多打几个结。

2. 将树枝放在地上，从中心开始织网。把线从树枝上下交叉穿过。如果网很小，我们可以按规律一圈圈地编织，但如果网比较大，每一圈之间可以多留一些空隙。

3. 如果做的是一个单独的小网，记得用编织绳打一个松松的小环，以便之后将它挂在绳子或树枝上。如果做的是一个大网，可以几个人一起把它挂起来，垂直或水平方向都可以。

4. 为塑料盆涂上不同的颜色。

5. 在塑料盆底部穿一个洞，将绳子一端穿过洞口，打一个死结。之后将其挂在蜘蛛网的网线上，作为被捕的小飞虫。

? 你知道吗

蛛丝的组成成分，是科学家们一直以来都很感兴趣的研究课题。实际上，蜘蛛吐的丝中含有一种黏性物质，具有静电的特性。也就是说，它能够吸住花粉颗粒和小昆虫等。同时也意味着，蜘蛛网可以通过它上面的黏性物质来吸附空气中细小的污染颗粒，从而达到净化空气的效果。蜘蛛织网的速度很快，一夜即可完成一张新网，而对旧网的回收方法就是直接吃掉它。蜘蛛网的形状似乎与蜘蛛吃的食物有关。通过对不同形状的蛛网的研究，我们可以进一步证实它能够吸附空气污染颗粒的设想。

✦ 教学急救包

恐惧是一种自然的感情流露，是我们在面对危险时的一种自我保护。孩子对世界是一种万物有灵的理解，他眼中的每一个物体都具有生命，可能对他产生敌意。恐惧感与孩子生长和受教育的环境有关。为了减轻他的恐惧，比如对黑暗、蜘蛛、狗等感到害怕，要严肃对待此事并尽早与孩子沟通。交谈有减轻负面情绪的力量，也能帮助他掌控自己的情绪，学会面对自己的恐惧是成长过程中的重要一步。作为家长，我们应该是孩子坚强的后盾，和他一起观察环境，帮助他勇敢面对引发其恐慌的事物。如此，通过话语、图像和语气的重新演绎，蜘蛛不再是长着黑色绒毛、令人恶心的剧毒生物，而成了一只长着八条腿的可爱小虫子。

30 鸟巢 **

在林中散步时,我们时常能在地上发现大大小小的树枝,可能是樵夫遗落的,也可能是随着时光流逝自然掉落的,这为我们的创作提供了新的素材:用树枝打造一个鸟巢。其实也不一定是鸟巢,你可以为你能想到的任何小生命建造一个栖息之所。

在我的"大地艺术"课堂上,有小朋友汇报说,这些巢迎来了很多特别的住户,有会魔法的大鸟,有在灌木丛中游荡的恐龙,甚至还有更奇幻的生物来往于此……

❤ 所需材料

- 适合在森林中行走的防水雨鞋
- 园艺手套、园艺剪
- 许多树枝
- 速干白色黏土块
- 黄油线、塑料桌布
- 少许花朵

🍂 游戏步骤

鸟巢

1. 在森林中选择一处开阔的场地。

2. 采集一些掉落的树枝树杈,去掉上面的叶子,并保留这些叶子。

3. 依据树枝的粗细和长短来进行分类,最长不要超过1.5米,最短的用来放在鸟巢中心。

4. 先选取最粗的树枝,在地面上相互交叉拼成一个六边形。

5. 在上面逐次加上新的树枝,始终朝着同一个方向转动,摆放的位置则在前面一圈两根树枝的交叉处。重复步骤5,直到得到一个小小开口的鸟巢。

6. 在鸟巢中放入一些森林里拾来的常春藤藤条。

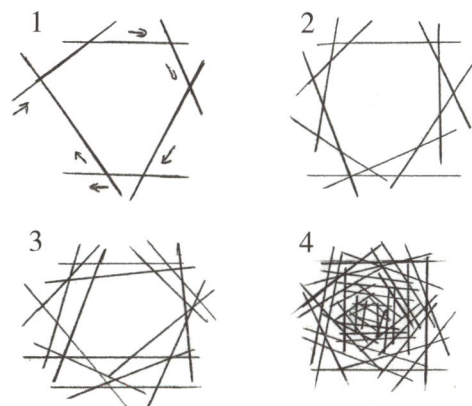

鸟蛋

1. 用黄油线切几片白色黏土，放在塑料布上。

2. 用手掌将黏土块搓成球状，一端略尖，以模仿鸟蛋的形状。

3. 在一些蛋上插几朵小花。

4. 把蛋放在鸟巢里。

5. 最好把鸟巢放在有阳光的地方，之后就静待着蛋的"孵化"吧。如果天气晴朗，我们会看到蛋壳上逐渐出现的裂痕。

❓ 你知道吗

春天，时常能在花园里见到鸟巢，里面还有刚下的鸟蛋。即便大人在场，也不要碰它们。你会辨别鸟蛋吗？乌鸦的蛋是淡蓝色的，山雀的蛋是白色的，上面有棕色斑点，而椋鸟的蛋是浅灰色的。布谷鸟很霸道，它会占用其他鸟的巢穴，把里面原来的蛋丢掉，再把自己的蛋下在里面，而通常它的蛋比被迫搬家的鸟儿的蛋要大得多。

✿ 教学急救包

早晚有一天，我们的孩子会离开温室，展翅高飞。对他们而言，独立的路上充满了艰辛；同时，他们的离开也令我们感到焦虑。在他们离开的时候，不妨告诉他们，有一个家，随时欢迎他们回来。这会为他们带去莫大的心理慰藉，即便他们在未来的路上遭遇风雨，也依然会因家的存在而感到安心。鸟巢就是家的化身，在这个游戏中，您可以告诉自己的孩子，家就像这个鸟巢一样坚固、团结，是他们永远的后盾。家让我们感到安全，让每个人都能找到自己的位置，是我们自由成长的空间。

🐸 小雨蛙讲堂

如果你在树篱中找到了一个鸟窝，千万别动它！鸟儿通常还会在原来的地方寻找自己在上一个季节搭建的家。另外，如果在地上捡到掉落的鸟巢，记得请大人帮忙，把它放回茂密的树篱或高高的树枝上。

31 小南瓜灯 ✤

法语中,"南瓜"一词与"铁锈"和"害怕"这两个词押韵,可能是因为这个菜园里常见的可食用植物的形状和颜色都令我们浮想联翩。南瓜成熟于秋季,颜色鲜艳,在很多童话和传奇故事中它都扮演了重要的角色,这也是它声名显赫的原因吧。

看,来了一个仙女,又或许是个女巫,不知道施了什么魔法,南瓜们全都变了样。在 11 月的深秋,正是我们施法的季节。何不试着把这些金澄澄、圆滚滚的南瓜变成柔美的小花灯,以此来赶走即将到来的寒冬呢?傍晚时分,把做好的小南瓜灯放在花园的桌子上,为一家人在室外的夜谈带来一些光明与温暖吧。

💜 所需材料

- 小南瓜、番瓜或笋瓜、松果
- 圆头安全刀、削皮器、苹果去芯器
- 汤匙、漏斗、抹布、2只碗
- 花园专用桌、餐桌用蜡烛
- 镜子（可选）、油性笔（可选）

🍂 游戏步骤

1. 在大人的帮助下，在小南瓜的一侧开一个方形的洞口。
2. 用汤匙刮净南瓜内部，保留南瓜籽和丝纤维。
3. 把南瓜籽放在一个大漏斗上，用凉水洗净。
4. 用抹布将南瓜籽擦干水分，放在碗里。
5. 用削皮器为小南瓜削皮。根据表皮纹理，每两道纹理削一道皮。
6. 用苹果去芯器，在南瓜上制造规律的小孔。将取出的南瓜块放入碗中，之后用于制作花心部分。
7. 把南瓜放入冰箱冷藏。
8. 在花园的桌子上放一块南瓜，然后用南瓜籽在周围摆一圈，呈雏菊状。
9. 重复步骤8，得到心仪数量的雏菊。
10. 还可以在桌上摆几个松果，营造出更加浓郁的秋天氛围。

11. 晚上，从冰箱中取出小南瓜，放在花园的桌子上。点燃一支小蜡烛，放进南瓜灯里。光线从灯孔中四散出来，火焰在夜晚的空气中颤动，为这一幕增添了勃勃生机。

12. 南瓜灯下面可以放一个小玻璃盘或一面小镜子，这样折射出的烛光美轮美奂，更加富有艺术气息。

13. 如果有多个南瓜，我们可以在上面写字或作画。用油性笔书写之前，需要将南瓜的表皮擦干净。大功告成后，来个异想天开的故事会吧——不妨讲个神秘世界中的南瓜历险记。

？你知道吗

南瓜、番瓜和笋瓜都属于匍匐植物或攀缘植物。它们的果实可以用来做菜汤、菜泥或蛋挞，属于葫芦科。但是要注意，同属葫芦科的药西瓜是不能食用的，它是用来作装饰的蔬菜。法语中有个表达叫"头大得像个南瓜"，就是得了偏头痛的意思。

❖ 教学急救包

提起南瓜，就不得不说到万圣节这个令无数小朋友心驰神往的节日。这个节日起源于凯尔特和昂格鲁-撒克逊神话传说。其实，南瓜也是年末佳节之际为我们带来喜悦气氛的绝佳的自然素材。它可爱的形状和活泼的

色彩令人想到搞笑的南瓜头、圣诞节闪闪发光的装饰品、花园里的灯笼以及厨房里炖煮的香甜汤品……南瓜为我们带来了无穷的创意,唤醒了我们全方位的感官,让我们有机会在花园或厨房里享受与家人共处的时光。这个看上去巨大的橙黄色果实不仅是美味可口的食用素材,更因它层次丰富的温暖色调而令我们在寒冷的季节里为之神迷。

32 四叶草 ★★

春天来了，万物生长，土地上到处都是葱翠的植物，这也是我们找到四叶草概率最大的时节。对于它的象征意义，我想大家一定耳熟能详吧？希望、爱情、幸运……今天我们就找到了一片，不过它可是稀有品种，四片叶子颜色各不相同，而且非常巨大呢！

所需材料

- 白纸和彩色铅笔
- 坚硬的小棍、纸袋或小木箱
- 春季的植物
- 园艺手套、园艺剪
- 小石子
- 相机

游戏步骤

1. 充分享受散步的过程，尽情欣赏大自然的景色。目光在远方稍作停留后，再低头观察路旁或花坛里的植物。在青草生长茂密的地方，有形状各异的小植物，颜色呈现出从绿色到白色再到银色的微妙过渡。这就是我们寻找四叶草的地方。当然，四叶草不是那么容易找到的。

2. 坐在路边，仔细观察。采一株三叶草，放在白纸上，耐心地描绘出它的形状。加上第四片叶子。

3. 选一块有沙土的地方，用小棍在地上画出四叶草的形状。

4. 收集四种不同颜色的花花草草，把它们按颜色分别装入纸袋或小木箱里。

5. 下面就开始为地面上的四叶草填色了。每片叶子中填充素材的颜色、形状和材质都要一致。为了使最终效果更加美观自然，素材的摆放要密集，并且不要超出叶子轮廓线的范围。

6. 用小石子摆出叶茎的形状。

7. 将四叶草周围的地面清理干净，从而更清晰

地体现出作品和大地的界线。

8. 为四叶草拍张照片。用这张照片做一张贺卡，为朋友送上幸运的祝福。

❓ 你知道吗

最常见的三叶草是白色三叶草，学名为白车轴草。掌状三出复叶，也就是说它有三片小叶子。不要把它与四叶酢浆草弄混了，后者是另一属的草本植物，叶子更大，中间有棕色的斑点。

✤ 教学急救包

四叶草能带来好运。由于它非常少见，所以会让孩子觉得特别兴奋，能找到四叶草与运气有关。据说把它带在身上或送给别人，可以增加它带来好运的能力。孩子可以由此意识到四叶草在人际关系中的内涵。通常，受赠对象是某个亲近的人，不管四叶草的传说是真是假，都象征着对这份爱意的守护和对对方的关怀。

🐸 小雨蛙讲堂

其实，用画笔一笔画出一片四叶草非常简单。从中心点起笔，先画一个圈，再画一个圈，再画第三个和第四个圈，一片四叶草就画好啦！

33 秋天的画框 🍁🍁

一年四季中，秋天是最适宜与色彩打交道的季节，而色调的和谐也是成功打造一座花园的重要因素。如果说春天为我们带来的是无数微妙色彩的重生，那么秋天绽放在我们眼前的，则是暖色调为主的金黄枝叶。在秋季的几个月里，欣赏植物的多姿多彩着实是莫大的视觉享受，特别是当我们在林中散步，采集枯叶落花之时。我们不妨利用这些自然素材在地面上创作一幅画，让这些植物在生命中最后的日子里也能够得到一份精彩的呈现。

所需材料

- 4块木板、4把矩尺
- 螺丝和螺丝刀
- 自然素材，如树叶、花朵、松果、种子、砾石等

游戏步骤

1. 在大人的帮助下，做一个木框，形状尺寸自选，可以用矩尺将4块板子钉成方形，用螺丝固定。
2. 将木框放在平坦的地面上。
3. 在画框里依次摆放树叶、花朵和其他自然素材，形成规则的条形带。每一行都换一种颜色。
4. 在木框四边加一圈干枯的叶子。
5. 轻轻撤走木框。

你知道吗

黄色、红色和橙色是暖色，在光线的作用下会显得光彩夺目。夏天最耀眼的就是红色。而蓝色和紫色是冷色，我们通常在阴暗的地方，如矮树丛的阴影中，才会遇到这些颜色。在花坛中，有时蓝色会带有银色的色调。中性色有白色和绿色，它们可以和任何其他颜色搭配，并且能使鲜艳的色彩变得更加柔和。

❖ 教学急救包

要想为花园营造出特殊的氛围，一定要精心挑选植物，并考虑如何将它们搭配起来。秋天丰富多变的色彩能够为孩子们带来更多灵感。在采集植物标本的时候，他们可以练习对色调的搭配，思考什么是主色，什么是对比色，以及在不同亮度的光线下颜色所产生的微妙变化。在设计花园时，要依据花坛的比例和间隔的空隙来选择采用的色调，以期得到最佳的视觉效果。

小雨蛙讲堂

捡来的落叶不妨夹在书页中做成标本,待风干后,你可以用它们创作迷你风景叶画,然后用乳胶将叶子粘在再生纸做成的美丽贺卡上。赶快动笔,为好朋友写一张问候卡吧!

34 雪花 ✲✲✲

冬来了，下雪了，整个城市披上了一件银白色的外套，多么令人欣喜！孩子们兴奋不已，在这幸福的时刻，我们一起动手做一个"大地艺术"的装置作品吧！尽管太阳一出来，它就会消失。

如果家里有院子或者花园，就让孩子们自由自在地奔跑吧，雪地上留下的脚印会让他们欢喜得不得了。不过今天，天气放晴了，再没有什么比和朋友们一起外出做一片小雪花更开心的事了。你知道吗？美丽的雪花可是由奇妙的几何图形组成的哟。

♥ 所需材料

- 地上残留的秋叶
- 白纸和油性笔、广口瓶、小棍
- 薄荷糖浆或石榴汁
- 冷杉的细枝或小树杈
- 小颗粒的种子
- 细软的笔刷、相机

🍂 游戏步骤

1. 当雪花落在手上、羽绒服的衣袖上、室外的桌子上或地面的叶子上时，仔细观察雪花的晶体。由于室外温度的关系，我们观察的时间只有几秒钟，因此一定要在晶体融化前记住它的形状。

2. 采集一些秋天遗留的植物素材，放在白纸旁。用油性笔画一片雪花，用植物素材补全它的形状。

3. 在广口瓶中将温水与糖浆混合。

4. 找一块积雪干净，没有破坏痕迹的区域。用小棍在雪地上画一个足够大的方形。

5. 做十几个雪球，放在一旁。

6. 依据纸上的设计，在地上画出雪花的形状。

7. 在地上根据描绘的几何图形放置树杈或小细枝。

8. 用种子和彩色落叶装饰雪花。

9. 用刷子蘸一点儿调制的彩色液体涂

在雪球上。

10. 将彩色的雪球规则地摆放在雪花上。

11. 退后几步观察整体效果，必要时可以对雪花的形状作出调整。

12. 赶紧抓拍几张照片吧，因为雪很快就要融化了！

我们可以在一天当中的几个不同时刻拍照留念，以此来观察装置作品消失的过程。这种作品我们称之为"瞬时作品"。

? 你知道吗

一片雪花其实是冰晶的集合体，因此将雪花看作晶体是错误的概念。根据空气温度的不同，冰晶会呈现出不同的形状，可能是五角形、尖角状、六边形，甚至锯齿形……艺术家西蒙·贝克（Simon Beck，英国艺术家，地图绘制专家）在法国萨瓦省滑雪场的斜坡上做了一些大型的装饰作品，为了画出它们的结构，他穿着雪地靴行走在深山雪地上，并靠指南针来定位。

❖ 教学急救包

这个室外游戏让孩子们充满能量和活力，因为玩雪是一项培养孩子综合能力的活动。不过，"不活动"和"烦恼"

在人格的塑造过程中，以及想象力、创造力的培养过程中，同样可以起到促进作用。您不妨试试让孩子躺在雪地上，伸展四肢，沉浸在冥想与梦境之中。

🐸 小雨蛙讲堂

如果你想有多一点的时间在雪花融化之前观察冰晶的结构，可以在透明的塑料盒里装一把雪，然后迅速放在冷冻室里，之后便可以花几小时的功夫尽情观赏了。

35 叶子壁画 ★★★

　　这是一个集体游戏,需要大家齐心协力在公园或操场上做一幅天然的壁画,并在现场安装好,挂在几棵树上。

　　首先,每一组写一段小故事,这将是壁画的主要情节,就像连环画的那种感觉。然后在纸上把故事写出来,用十几句话概括出主要内容。叙述一定要简洁,但也要留给孩子口头表达自己想法的机会,让语言成为图像的载体。

💜 所需材料

- 白纸和铅笔、纸袋或小木箱、细麻绳或剑麻绳
- 自然素材，如树叶、苔藓、树枝、石子、种子、花朵等
- 中性色的纱布或网纱
- 木桩，如护苗棍、榛树枝或竹子等
- 牙签或松针、沙子（可选）
- 液体胶水（可选）、天然颜料（可选）

🍃 游戏步骤

1. 参加游戏的小朋友组成2~3队。

2. 写2~3段故事，每队写一段。每队派一名"编辑"在纸上记录下故事，10个短句左右。

3. 每个队员负责2~3个句子，思考如何用植物元素将文字转换成图像。

4. 花一刻钟的时间采集一些壁画所需的自然素材。也可以把平时散步或放假期间搜集的素材带过来。

5. 将采集的植物整理、归类，以备壁画创作时使用。

6. 每一队的队员将一块布料挂在两棵树之间，拉紧，以此作为壁画的背景。在布料的四角各打一个结，不要太紧，那样会使布料起皱。将绳子穿过四个结，再绑在树干上。

将布料展平，必要时可在中间的位置加一根木桩固定。如果时间充裕，也可以把布料摊平在地面上。不过地上要事先铺好一层白纸，一方面可以保证"壁画"不被弄脏，另一方面

也可以避免创作的素材与地上的植物混淆。

7. 用事先准备好的素材来演绎自己的故事，创造出人物、动物、山峰、树木、青草、白云、太阳、海浪等造型，用牙签或松针将其固定。最好能看清纱布上的洞眼，从一侧穿到另一侧，这样"缝纫"起来更省力。

8. 可以选择做一些沙画：在纱布上涂上几笔胶水，然后撒上细沙，静置晾干。如果想上色，可事先将沙子与颜料混合。

9. 按照故事的阅读顺序来进行作画，要记得与其他组的段落配合进行。

10. 若时间充裕，还可以在纱布周围"缝上"一圈树叶，或者几片叶子也可以。孩子们可以在树叶上签上自己的名字。

11. 壁画完成后，每队选出一名"朗读者"，根据选定的段落，讲诉他们的故事。

若是晴天，阳光会透过纱布的网格，在脚下投射出壁画的影子。若是有风，纱布会随风起舞，故事中的人物也仿佛活了一样。

❓ 你知道吗

壁画是指在墙上实现的画作，通常用水调和颜料完成。要在墙上涂一层灰浆再上色，这样才能使颜料固定住。在拉斯科岩洞，我们能看到史前人类用天然颜料在墙壁上留下的手的印记；文艺复兴时期的画家乔托，在意大利阿西西的教堂里创作

了一组壁画,讲述圣人弗朗索瓦的生平;文艺复兴三杰之一的米开朗基罗,在梵蒂冈著名的西斯廷教堂里创作了壁画《最后的审判》。

❖ 教学急救包

本游戏中的壁画并非画在墙上,而是在空中,因此就引入了空间参照点的概念。

孩子会意识到自己周围的空间在不断扩大,并根据空间的限制和界定来调整自己的行动。

活动中的难点是在纱布上固定自然素材,因为要用牙签穿过一个用绳子拉紧的透明且单薄的平面。为避免操作困难,可在纱布的正反两面作画。孩子在创作的过程中应该能够自由活动,不受位移路线的限制。

36 给大树穿衣 🍁🍁

在阳光明媚的日子里,和朋友们一起分享亲近大自然的美好时刻,正是这个游戏的初衷。在需要齐心协作的情况下,小朋友们往往会变得安静有序、井井有条。去乡下游玩是个不错的主意,一起野餐的同时,组织几场挑战赛、体育竞赛,都是这个年纪的孩子们最热衷的游戏。

这个充满活力的午后,正是实践"大地艺术"的大好时机。找一棵高大粗壮的树,用鲜花绿叶装点树干,为它做一身华丽的衣裳吧。

❤ 所需材料

- 园艺剪、圆头安全剪
- 叶子、木块，树枝
- 麻绳
- 相机

🍄 游戏步骤

1. 选一棵长茎树木，如橡树、栗子树、山毛榉等。

2. 采一些叶子，放在树下。

3. 用麻绳在树干上绕一圈，系紧，打结。如此重复，围绕大树做若干个麻绳环。

4. 把叶子别在麻绳下面，使其固定在树干上。每片树叶之间要紧挨着不留空隙，并且按照相同的方向码放。注意抬起绳子的时候不要过高以避免前面的叶子掉落。

5. 依此方法将所有的植物素材都贴在树干上，摆成几排，尽量将颜色与形状和谐搭配。还有一种难度更高的方法，就是将叶子和小木枝交替排列。这样一来，树干就穿上了一条天然的漂亮彩裙。

❓ 你知道吗

有些栗子可以吃，而有些是有毒的。如何区分呢？可以食用的板栗的壳斗是带刺的，像刺猬一样，内部一般有三四个果实。而不能吃的栗子，如欧洲的马栗，个头要大很多，也更圆。壳斗内非常拥挤，内部的果实之间没有隔壁，和板栗差异很大。

❖ 教学急救包

年轻人几乎天天把"朋友"这个词挂在嘴边，因为对这个年纪的他们而言，友谊比家庭关系更为重要。所以，这个游戏和30号游戏"鸟巢"一样，几个人围在树旁，可以借此机会思考一下团队的意义，然后本着尊重他人和公平竞争的原则，共同设计一些具有挑战性的游戏。大家手拉手围绕大树跳起圆圈舞的同时，也就实现了朋友之间的交流，孩子将意识到自己在团队中占据了什么样的位置，以及他/她应该扮演什么样的角色。通过大自然这个媒介，与他人相处成为一件乐事，可以帮助孩子快乐成长，享受社交的乐趣。

🐸 小雨蛙讲堂

法语中有一个表达叫"挨了一栗子"，你知道它的起源吗？在法国南部的方言里，"一拳"这个词的发音和"栗子"很像，所以就形成了这种说法。此外，还有另一个表达是"挨了一把栗子"，意思就是"被电了一下"。

37 冰晶里拉琴 ❄

　　白雪皑皑的冬天，正是滑雪的大好季节。到了寒假，孩子们想做的事只有一件，那就是在滑雪道上体验飞奔的乐趣。在绕行颠簸的道路时，或者傍晚穿着滑雪板散步时，可以利用在户外的机会，换一种方式来赏雪，做几个雪地上的"大地艺术"作品。

　　大家一定会乐此不疲，绝对不会觉得无聊。当然，创作的过程肯定会充满欢声笑语，也少不了打雪仗的刺激……

❤ 所需材料

- 冰挂
- 手套

🍄 游戏步骤

1. 在滑雪道的两侧寻找素材。冰挂通常会在针叶树的树枝上出现，尤其是在寒带和温带地区十分常见。想找到冰挂很容易，只要有阳光，看到亮晶晶的反光就是了。

2. 戴上手套，将冰挂从针叶上取下来。如果不戴手套，冰挂就会被体温融化。

3. 找一根小棍插进雪地里探探底。如果下面有隔夜形成的冰雪层，那么会更有利于冰晶里拉琴的制作。

4. 将冰挂放置在洁白无瑕的雪地上。依据冰挂的长短，按照间隔相等的距离依次码放。最好面向太阳，因为冰挂投下的影子会使构图更加丰富，你会看到雪地上呈现出淡蓝色的线条，好像是拨弦乐器，又好像是五线谱。

5. 冰挂创作过程中，可以从周边不同的自然环境中获取艺术灵感，充分发挥自己的想象力。注意，树枝上因为承载着雪，所以很脆弱，尽量不要折断。

? 你知道吗

索尼娅·亨里奇森（Sonja Hinrichsen）和西蒙·贝克（Simon Beck）都是在雪地上作画的艺术家。他们在白雪覆盖的山上，在壮阔的自然景观中创作出了无与伦比的大地艺术作品。索尼娅在冰岛无人到访的雪地上，通过自己行走的脚印画出了巨大的螺线和涡旋；而英国籍艺术家西蒙·贝克每年冬天都在法国阿尔克的滑雪场健步如飞，借用指南针和滑雪鞋，创造出奇妙的几何形象。他最大规模的作品可覆盖 20 千米长的斜坡。

✿ 教学急救包

年轻人需要将日常经历的事件与脑中的图像结合起来。大地艺术就是一个需要综合能力和技术、借以自然媒介来实现的创作活动。掌握这门艺术的手法和独特的语言，有助于年轻人培养自己个性化的创作能力、对艺术的敏感度、批判力和审美观。不妨建议他们用照片记录下创作的过程，以便事后与朋友们分享。这个方法能够帮助他们更好地传播自己的造型理念。

🐸 小雨蛙讲堂

让我们自由地躺在松软的雪地上吧,四肢肆意地伸展,在厚厚的积雪上印出自己的身形轮廓。爬起来的时候别忘了请朋友帮忙,之后更有趣的活动是用小棍、毛线帽和围巾来装饰这个凹陷的印记,或者干脆用树枝和松果将它填满。

38 禅意园林 ✽✽✽

提到"禅意园林",你脑中的第一反应会是什么?年轻人的回答空前一致:日本。当然,这个游戏并不是让大家刻板地复制日式的严谨与创意,而是借用日本园艺中的元素,尽量与其主旨贴合。自然、和谐、神秘、简约,都是用来定义禅意的关键词。

所需材料

- 容器（桶、花盆）
- 铲子、耙子、小推车、水箱
- 大块的石子和鹅卵石、青苔
- 木柴、沙子、榛树枝
- 天然颜料
- 细麻绳

游戏步骤

这个大地艺术作品需要协作完成，几个人一起组织安排，分配任务。动手之前先要明确几点，日式园林的设计有其特定的规则：

借用"风水"判断园林中需要的元素的数量，一般为3、5、7。

水是必不可少的元素，可以是水池，也可以是喷泉；可以是静止的水面，也可以是流淌的水流。

院内常见的植物有：松树、杜鹃花、鸢尾花、枫树、盆景等。

粗糙的石头和光滑的山石为园中增添宁谧的气氛，同时也有助于视觉上的和谐。

园内有沙，沙子上的痕迹助人冥想，并且象征着水的波纹。

我们可以借用以上全部元素，当然没有什么能够阻止想象力的步伐。不过，在创作的过程中还是要保留一片纯净之地。

1. 在花园中选一块平坦宽阔的地方。将地面收拾干净，去掉一切土壤之外的元素，如石子、树根、落叶等。

2. 把所有的材料放在同一侧，根据我们对花园的设计进行安排，依照个人意愿摆放素材。

3. 做一个临时的水平面，像水池一般，这个操作简单易行。先在地上挖一个洞，放入水箱，在里面码放一些石子或鹅卵石。然后用鹅卵石和青苔装点水箱边缘。最后倒入水即可。

4. 做个木拱门。将两根木柴插进土里，然后在上面水平摆上第三根，如此形成一个拱门状。在下面摆放一堆圆形的鹅卵石或漂亮的石子，做成一个塔，加一点青苔即可。

5. 在地面作画。地上铺一层沙子，厚度为3~5厘米。上面精心放置一些石子或木块，也可以选一些植物元素，摆出漂亮的形状。还可以利用卡纸画出彩色的方块，然后创作出具有设计感的不对称图形。

6. 做屏风。用榛树枝交叉做成网格状图形，然后在每个结点用绳

子固定。也可以在每个网格中做一个小巧的可移动装置，挂在上面。把屏风摆在两棵树之间，或者设计一个稳妥的支撑。

7. 添加补充元素。尽情发挥创造力和想象力，用自然素材精心装点禅意园林。比如可以借用一个树墩做出水的漩涡效果。

? 你知道吗

禅意园林起源于中国，最早是为寺院里的僧侣所建，供他们冥想使用。公元 8 世纪，即日本的奈良时期，中国园林艺术才在日本推广开来。日本最著名的禅意园林在京都的龙安寺，建于 15 世纪。院内由石子、青苔和耙过的沙子组成，并且符合风水的数目元素：3、5、7。

❖ 教学急救包

进入青春期的孩子比较棘手，因为游戏对于他们而言不再是一个严肃的活动。不过，他们喜爱户外活动，和同龄人一起散步。组织一场与自然有关的活动可以激发他们的主动性，加强责任感，因为游戏中要遵守某些规定或安全守则。青少年有竞争意识，他们经常互相比较。请他们建造一个小花园，为他们制定一些目标，能够引发他们对规则的重视，培养互相帮助、尊重他人的品德。

39 沙滩游戏 ✸✸

又到了夏天在海边尽情嬉戏的季节，假期意味着我们需要更多的寓教于乐的游戏活动。不仅孩子们快乐，家长们也同样享受。在沙地上玩耍能够激发运动能力。天气晴朗的时候，更适合组织球赛、水上运动或体操比赛；不过有的孩子也许更喜欢拣拾美丽的贝壳，收集闪亮的石子；还有人更愿意在沙滩上用沙子堆建城堡或者堆出各种小动物。

🎮 游戏步骤

波点岩石

每片沙滩的贝壳都有自身的特色，不同地点的贝壳形态也不尽相同。有些沙滩上只有鹅卵石，比如法国北部或科西嘉岛。在一块岩石上集满足够多的同一种类的贝壳，无论形状或色彩如何，可以考虑将贝壳和小鹅卵石交替码放。最重要的是要遵循一定的规律，甚至岩石和贝壳之间的色彩差异也要考虑到。

白线

按照上述方法将贝壳一个连一个地排列成一条线，注意一定要码齐，并且按色彩有规律地排列。

圆洞

岩石上时常能见到被海水侵蚀后形成的小洞，因为里面有积水，所以有绿藻等植物生长于此，它们可以充分享受海水和阳光。在退潮的时候，找个容易接近的洞口，在四周摆上一圈圈的贝壳、石子，做出各式各样的造型。

海星

大家一定都在海边玩过沙子，堆塔楼、砌城墙、建公路、挖沙坑，然后看着它们被打上岸的海浪一点点侵蚀。仔细观察岩石边生活的海洋生物，那里有许许多多的小生命，请一定要保护它们。

1. 用湿沙子做出海星的身体和触角，拍实。

用手指将表面拍平，再用铁锹柄或细枝将边缘刮净。

2. 沿着触角周围挖出海星的轮廓形状，一定要强调出触角蜿蜒的曲线。触角的尖端一定要仔细处理。

3. 在海星上面撒一些干沙子，使形状更加明晰。

4. 在上面摆满贝壳，从而进一步加强对比效果。

5. 等海潮来临时，海星会慢慢地滑进水中……

海怪

想找到一个"血盆大口"形状的岩石不太容易，耐心寻觅，一定会发现的。注意脚下，因为我们需要的帽贝是和海藻生长在一起的。

1. 找到合适形状的岩石后，采集50多个帽贝的空壳，装入桶中。通常这些贝壳是白色的，并且由于海水和细沙的冲刷，它们的外表洁净光亮。

2. 将贝壳的隆起部朝上，排列整齐，做成牙齿状。再用一个更大的贝壳当眼睛。还可以用海藻做成舌头，用海水泡沫做成哈喇子，用禾木植物做成火焰等，总之尽情发挥想象吧。

3. 最后更有趣的一步就是把自己的手放进海怪嘴里，吓唬一下周围的同伴！

? 你知道吗

帽贝是一种软体动物，贝壳呈圆锥形，属于腹足纲生物。根据不同的地理区域，人们对它的称呼也是千奇百怪。法语中，小孩子管它叫"中国帽子"，因为它的形状很像斗笠。贝壳空了以后，会成为小朋友们的挚爱。你知道为什么吗？因为可以用它做美味的贝壳糖！

❖ 教学急救包

沙滩上的游戏时光会成为孩子们未来的难忘回忆。从认知层面来说，无论建造城堡还是设计怪兽，都是从抽象到具象的实现过程。从运动层面来说，沙滩游戏可以训练孩子们跑步、位移的能力，激发双手的活力、全身的协调能力和平衡能力，以及在空间中自我定位的能力等，从而可以让他们深入了解自己的身体机能。同时，也会增强孩子们的独立性，树立自信。因为游戏由孩子们主导，作品由孩子们创造，规则也由孩子们制定。最后，从环境保护的角度而言，海滩为我们提供了一个看世界的良好视角，在这里我们能够观察到生物的多样性，采集到大自然赋予我们的珍宝，并学会爱护和珍惜大自然。

🐸 小雨蛙讲堂

贝壳糖

5汤匙砂糖、2汤匙水、几滴柠檬汁、10个空贝壳，在平底锅里倒入砂糖、水和柠檬汁，小火加热，直至变成焦糖状，贝壳隆起部朝下，摆放在两个木勺柄上。快速地把热焦糖倒入贝壳中，静置。晾凉后，贝壳糖就做好啦。这可是纯天然的糖果哦，不过可别贪吃，要注意保护牙齿！

40 迷你房子 ✲✲✲

　　从之前的游戏也可以看出，以自然素材为主要材料制作装置艺术品，不只是小孩子的专利，也是适合青少年进行的活动。要时刻对我们周边的事物保持敏锐的目光，充分利用环境因素，使大自然对我们的馈赠变得更有价值。在本书中，我最大的心愿就是希望与你们分享造型创作的轻松时光，因为我们与大自然的关系是世代相传的，我们从自然那里继承了宝贵的遗产，就应该为子孙后代着想，努力去保护和珍惜这份遗产。作为活动的组织者和大地艺术的创作者，我的身份的意义就在于此。

　　我很幸运地能够和年轻的朋友们一起参与作品的创作。对他们而言，生活环境与自然环境是一个整体，他们希望以此作为自己的奋斗目标，祝愿他们今后的人生旅程一路顺风！这也是我们最后一个游戏的主旨所在，设计一个自然景观中的住宅——迷你房子。

所需材料

- 园艺剪
- 植物素材，如榛树枝、竹子等
- 细麻绳或剑麻绳
- 锤子或大石块用以安装木桩

游戏步骤

1. 选择一个平坦的地方，最好有茂盛的草丛，从而能够掩盖迷你房子。
2. 将一个小木桩削尖。
3. 将一些植物元素编织起来，做成房子的屋顶和墙壁。
4. 将编织物与木架放在一起，制成屋顶的坡面、房屋的墙壁和地面。用绳子将各个部分连接起来。
5. 将削好的木桩插入土地中。如果地面较硬，用锤子或大石块轻轻砸几下；如果地面较软，安插的时候一定要小心轻放。
6. 把做好的小房子放在小木桩上，如同一个平台。
7. 可以再为小房子增枝添叶，使其显得更加"自然"，装饰就是彰显个人品味和充分发挥想象力的过程。

你知道吗

日本艺术家川俣正[1]擅长创作木质的室外作品，通常是在城市空间的上方建造小木屋、

天桥或走廊。他的创作使建筑与空间得到了完美的融合，可以说是实现了对特定的场所的一种升华。

🌟 教学急救包

每个人都曾梦想建造一座小木屋吧？不管是在大树上还是在花园深处，不管是"豪华套房"还是环保材料的"廉价房"，不管它是大是小……只要是属于自己的一片天地，就会感到非常幸福。莫非，它是我们在这世界上的另一种生存方式？总之，对成年人而言，这是来自童年的一个梦，是对往事的缅怀，是对曾经在大自然中玩耍的追忆与向往。

而对孩子来说，盖一座小木屋意味着要设计出墙壁、屋顶、门窗等房屋结构，建造出一个稳固的东西，这需要很强的自主能力。建小木屋，实际上是在为自己选择一个假想的住宅。尽管这是一座假房子，但仍然需要借鉴成年人的行为准则与人际关系来实现。把"房子"建在高处，是为了屋子里的人能够远观而不被外人发现。这是一个实验的场所，是一方历险的天地，他们把自己的秘密藏在这里，同时也在这里抛出内心的疑问，寄托心中的理想。在隐秘而富有安全感的自然环境中居住，令人身心愉悦，也让年轻人拥有了一个可以畅想未来的筑梦空间。

---

1 川俣正（Tadashi Kawamata）是日本艺术家，1953年出生于北海道，现在在东京和巴黎生活工作，在巴黎美术高等学校任教。